© 2023, Buzz Editora
© 2018, Elaine Pofeldt
Publicado mediante acordo com Lorena Jones Books, um selo de The Crown Publishing Group, divisão da Penguin Random House LLC.
Título original: *The Million-Dollar, One-Person Business*

Publisher ANDERSON CAVALCANTE
Editoras SIMONE PAULINO, LUISA TIEPPO
Assistentes editoriais JOÃO LUCAS Z. KOSCE, LETÍCIA SARACINI
Projeto gráfico ESTÚDIO GRIFO
Assistentes de design FELIPE REGIS, LETÍCIA ZANFOLIM
Tradução SANTIAGO NAZARIAN
Preparação JULIANA BITELLI
Revisão VANESSA ALMEIDA, FERNANDA SANTOS

Nesta edição, respeitou-se o novo Acordo Ortográfico da Língua Portuguesa.

Dados Internacionais de Catalogação na Publicação (CIP)
de acordo com ISBD

P745c
    Pofeldt, Elaine
    Crie um negócio milionário: ganhe muito dinheiro, trabalhe com o que gosta, tenha a vida que você deseja / Elaine Pofeldt
    Tradução de Santiago Nazarian
    São Paulo: Buzz, 2023
    192 pp.

ISBN 978-65-80435-60-9

Inclui apêndice
1. Negócios 2. Trabalho 3. Sucesso 4. Dinheiro I. Título.

2020-891   CDD-658.4012 / CDU-65.011.4

Elaborado por Vagner Rodolfo da Silva CRB-8/9410

Índices para catálogo sistemático:
1. Negócios 658.4012
2. Negócios 65.011.4

Todos os direitos reservados à:
Buzz Editora Ltda.
Av. Paulista, 726, mezanino
CEP 01310-100, São Paulo, SP
[55 11] 4171 2317
www.buzzeditora.com.br

Elaine Pofeldt

CRIE UM NEGÓCIO MILIONÁRIO

GANHE MUITO DINHEIRO

TRABALHE COM O QUE GOSTA

TENHA A VIDA QUE VOCÊ DESEJA

Para meu marido, Bob, por seu amor, apoio e incentivo, por tudo o que passamos juntos.

Para meus filhos, Anna, Emily, Sarah e Robert, pela constante inspiração com sua energia, entusiasmo, curiosidade e alegria de viver.

E para meus pais, Francine e Walter, por nunca me desestimularem a seguir a carreira impraticável da escrita.

7	**PREFÁCIO**
9	**INTRODUÇÃO**
17	**A REVOLUÇÃO INDIVIDUAL MILIONÁRIA**
27	**O QUE FAZ OS NEGÓCIOS INDIVIDUAIS MILIONÁRIOS FUNCIONAREM**
38	**QUE NEGÓCIO VOCÊ PODE COMEÇAR?**
95	**FAÇA ACONTECER**
139	**BUSQUE CONHECIMENTO**
151	**IDENTIFIQUE E RECICLE SUA VISÃO**
169	**APÊNDICES**
170	O que realmente importa?
172	Definindo sua especialidade
173	Brainstorm para negócios
175	Curso rápido de pesquisa de mercado
178	É o momento de vender?
182	Fontes úteis
186	Leituras adicionais sugeridas
189	**AGRADECIMENTOS**

PREFÁCIO

Verne Harnish, fundador da Entrepreneurs' Organization

Gerenciar um negócio é um ato de liberdade e independência, e até hoje não houve época melhor para ir atrás desse sonho. Novas tecnologias tornaram mais fácil e mais acessível do que nunca começar um negócio. Em um mercado global, até minúsculas empresas domésticas podem atingir um vasto número de clientes internacionais.

O desafio para muitos proprietários de pequenas empresas é alavancar receita e lucro numa operação bem enxuta. A grande maioria dos pequenos negócios dos Estados Unidos são empresas de uma só pessoa. Em muitos casos, os proprietários lutam para construir um negócio sustentável que possa sustentar a si mesmos e as suas famílias. Não sobra nada para investir em crescimento. Isso se dá pela falta de conhecimento. Muitos proprietários nunca aprenderam como criar um negócio de alto ganho, alto lucro, sem acrescentar muitas despesas. Não é algo que se aprende na escola ou mesmo com outros empresários.

Crie um negócio milionário preenche essa lacuna. Este livro oferece um mapa para criar uma empresa muito enxuta de sete dígitos, compartilhando estratégias de empreendedores que chegaram à receita de 1 milhão antes mesmo de contratar funcionários. A partir da experiência deles, você aprenderá a consolidar a ideia correta de negócio, a desenvolver estratégias concretas para transformar sua visão em realidade e, por fim, a como alavancar receita e lucro quando estes começarem a vir.

Assim que você souber as maneiras para criar um negócio individual milionário, terá muitas possibilidades à sua frente. Alguns empresários preferem manter seus negócios pequenos, estruturando um padrão de vida que amam. Outros decidem seguir o caminho delineado no livro *Escalando sua empresa: Como algumas empresas conseguem crescer... E por que as demais não* em que colaborei, e criar empresas de crescimento rápido, que geram empregos. Não importa qual rota siga, terá opções empolgantes.

INTRODUÇÃO

Clique em quase qualquer manchete sobre o mercado informal e você vai se deparar com um debate feroz. Apoiadores dos empregos formais veem o mundo dos trabalhadores autônomos como um universo em que o capitalismo enlouqueceu, deixando trabalhadores desafortunados, que lutam uns contra os outros por migalhas enquanto se agarram à rocha escorregadia da vida de classe média. Os campeões daquilo que o autor Dan Pink chama de "Free Agent Nation" [Nação de agentes livres] em seu livro *Free Agent Nation: The Future of Working for Yourself* enxergam uma realidade bem diferente; nela, os antigos prisioneiros do trabalho podem trocar os cubículos apertados e herméticos em escritórios por uma vida na qual é possível controlar as agendas, os destinos e as rendas.

A verdade é que não sabemos ainda o que um mundo de trabalhos cada vez mais independentes vai significar. Nunca tivemos tantos autônomos como temos hoje. Em 2010, o United States Government Accountability Office[1] disse que 40% dos trabalhadores norte-americanos têm trabalhos "alternativos" como ocupação principal, o que significa que são freelancers, trabalhadores temporários, funcionários terceirizados ou trabalham meio período.[2] Isso é algo sem precedentes, e é uma mudança que acontece hoje, ao redor do mundo, em nações industrializadas.

Muitos se preocupam com o fato de esses trabalhadores passarem por dificuldades no futuro, sem que gigantes empregadores os ajudem a administrar suas vidas profissionais e mantenham seus salários em dia. Essa é uma preocupação válida. Mas outro ponto igualmente importante é o que o crescente exército de autônomos

---
1 Órgão semelhante à Controladoria Geral da União. [N. T.]
2 *Contingent Workforce: Size, Characteristics, Earnings, and Benefits.* 20 de abril de 2015, p. 15-16. Disponível em: 20 de maio de 2015. Disponível em: gao.gov/products/GAO-15-168R.

pode conquistar sozinho. Dotados da mentalidade e do conhecimento corretos, eles poderiam criar algo ainda melhor do que simplesmente o chamado "emprego seguro"? Eles viveriam melhor sem que fiscais poderosos decidam o destino de suas carreiras? Eles teriam maiores chances de alcançar seus verdadeiros potenciais e conquistar uma renda maior em um mundo onde pudessem administrar suas próprias carreiras, sem um chefe para penalizá-los sutilmente por serem jovens demais, velhos demais, ou por serem mães, por pertencerem a minorias, por serem pessoas com deficiências, por fazerem trabalho voluntário ou por terem um *hobby*, por desejarem trabalhar de casa; em resumo, por qualquer outro motivo pelo qual as pessoas são colocadas na geladeira profissional, independentemente de seus talentos e contribuições?

Fui editora-sênior da revista *Fortune Small Business* e colaborei com publicações como *Fortune*, *Money*, CNBC, *Forbes*, *Inc.*, e muitas outras. Com base em minha experiência como repórter, entrevistando centenas de empreendedores todos os anos, acredito que a maioria dos trabalhadores autônomos mal começou a descobrir o potencial para que seus negócios rendam ao máximo. E esse potencial pode ser maior do que imaginamos. Não faz muito tempo que conversei com Eric Scott, sócio da SciFi VC, uma empresa de capital de risco de San Francisco, fundada por Max Levchin, cofundador do PayPal. Scott me contou que ele e seus colegas têm se perguntado quanto tempo mais irá demorar até uma empresa de uma pessoa só ser vendida por 1 bilhão de dólares.

Enquanto tentamos descobrir até onde um negócio individual pode ir, o questionamento correto a ser feito é: "De que forma é possível ajudar esses autônomos a ganharem a vida com qualidade?". A maioria dos autônomos de hoje foi jogada na administração de um negócio individual sem nenhum preparo. As universidades têm interesse em vender a ideia de que todos os seus formandos vão trabalhar como funcionários de altos salários, atuando em horário comercial, em empresas conhecidas. Fora dos programas de empreendedorismo, raramente se menciona a possibilidade de que seus alunos possam optar por trabalhar para si mesmos, nem são ensinadas habilidades para ajudá-los a prosperar em um negócio próprio. É fácil perceber por que as faculdades não querem falar sobre isso. No caso dos Estados Unidos, onde a maioria das instituições são privadas (e custam caro), pense em quantos pais gostariam de pagar os enormes valores anuais às instituições particulares de ensino se soubessem que seus filhos estariam, essencialmente, matriculando-se num curso para formar freelancers, que passarão a vida correndo atrás de projetos? E quantos estudantes estariam dispostos a pegar dezenas de milhares de dólares em empréstimos estudantis se a promessa depois da formatura não fosse, de fato, um emprego bacana em uma empresa como o Google, mas, pelo contrário, uma vaga para trabalhar meio período numa empresa pouco conhecida cujo salário é tão baixo que eles teriam de trabalhar como motoristas de Uber nas horas vagas? Na verdade, muitos formandos têm ganhado dinheiro dessa maneira informal, já que o mundo dos empregos muda com rapidez, mas, mesmo assim, eles ainda precisam aprender a prosperar no trabalho autônomo.

Enquanto isso, funcionários no meio de suas carreiras se encontram cada vez mais inseguros, trabalhando em empresas que buscam cortar custos e terceirizam segmentos de sua produção em outros países, automatizam funções outrora exercidas por pessoas e substituem funcionários com carteira assinada por contratações terceirizadas. Recentemente, participei da apresentação de um espaço de trabalho compartilhado (*coworking*) que, em geral, atende a freelancers e start-ups. Na ocasião, seus executivos diziam que alugar andares ou mesmo prédios inteiros para empresas que contratam funcionários tradicionais é uma área em crescimento. Esses clientes querem ser livres para expandir e contratar seus colaboradores com mais frequência do que um aluguel empresarial padrão permite. Mesmo que os funcionários que se sentam à mesa de um espaço compartilhado encarem seus empregos como permanentes, os empregadores claramente não veem as coisas da mesma forma. Ao mesmo tempo, muitas empresas são cada vez mais sinceras sobre o fato de que seus projetos para contratações formais são elaborados ao redor de talentos "juniores". Isso é uma boa notícia quando se procura pelo primeiro emprego, mas significa que, a cada aniversário, promoção e aumento de salário, os funcionários dessas empresas estão um pouco mais perto de serem descartados. Muitos trabalhadores podem ter mais sucesso se abrirem sozinhos os próprios negócios – isso se eles de fato tiverem conhecimento para fazê-lo de forma bem-sucedida –, do que se subirem a escada bamba de uma carreira formal.

Em teoria, há muitos lugares além da universidade para aprender a como administrar um negócio. No entanto, se você procurar os especialistas em seu ecossistema local de start-ups, provavelmente vai escutar que, para ter sucesso, você precisa "alavancar" o negócio para criar uma máquina de empregos, e que se não quiser isso, significa que você não é ambicioso o suficiente. "O raciocínio é de que é melhor investir em dez pessoas que farão seus negócios crescerem em larga escala do que em cem pessoas que trabalharão de maneira autônoma", defende Donna Kelley, professora de empreendedorismo na Babson College. Muitos programas do governo e de empresas de serviços financeiros que auxiliam pequenos negócios também tendem a encarar as empresas formadas por uma pessoa só como um fracasso, administradas por quem falhou em gerar empregos porque pensou pequeno. A ênfase é reprogramar a mentalidade de empreendedores individuais –

com a ideia de não saber delegar, por exemplo – que os impede de contratar pessoas.

Mas considere isto: dos mais de 28 milhões de pequenos negócios que operam nos Estados Unidos, 23 milhões são "não empregadores",[3] o que significa que ninguém, além dos proprietários, trabalha nessas empresas. Creio que a maioria optou conscientemente por não contratar funcionários por uma simples razão: por não querer. E não há nada de errado nisso.

Há algo de maravilhoso e empolgante no fato de que milhões de pessoas no país tomaram a iniciativa de criar trabalhos para si mesmos, fazendo exatamente o que querem. Nem todo mundo quer ser Elon Musk e sonhar com a próxima Tesla; nem todo mundo nasceu para ser patrão. Muitas pessoas começam negócios para ter controle sobre seus horários e aproveitar a independência, a liberdade que pode se esvair quando uma organização cresce. E essa é uma escolha consciente. "Eles estão fazendo isso porque assim o preferem, não porque precisam", acrescenta Kelley, que estudou negócios ao redor do mundo como líder da equipe de pesquisa norte-americana para o estudo *Global Entrepreneurship Monitor*.[4] "Conforme a sociedade se torna mais avançada, mais as pessoas ficam propensas a realizar os trabalhos e a ter os empregos que querem."

Ainda assim, o cotidiano de muitos autônomos é mais difícil do que deveria ser. Com frequência, porque não sabem como ganhar a vida e precisam conseguir uma boa quantia em dinheiro porque não têm uma rede de segurança. O sistema não é feito para eles: economias industriais são construídas em torno da ideia de que traba-

---

3 *United States Small Business Profile*, 2016. SBA Office of Advocacy. Disponível em: sba.gov/sites/default/files/advocacy/United_States.pdf.
4 Os estudos do *Global Entrepreneurship Monitor* estão disponíveis em: gemconsortium.org/report.

lhadores serão funcionários com empregos formais. Apesar de os trabalhadores autônomos pagarem impostos como todos os outros, eles geralmente não têm acesso a auxílios-desemprego se o trabalho míngua. Nos Estados Unidos, por exemplo, assistência médica particular é, em geral, bem cara, e os esforços para reformar o sistema têm sido bem complicados. Transações como comprar uma casa também podem ser difíceis se você for freelancer em vez de trabalhador formal, porque os bancos exigem que você comprove renda. Esses empecilhos e custos extras podem pesar para aqueles que são freelancers. Posso comprovar isso, pois vivi por cerca de uma década como parte de um casal de freelancers com quatro filhos. Antes de meu marido aceitar um emprego formal, pagávamos nosso seguro-saúde por meio de um corretor ou diretamente para uma seguradora, e as mensalidades eram semelhantes a pagamentos de hipoteca.

Mas precisa ser assim? Eu me perguntava frequentemente por que nenhum político nunca havia prestado atenção aos milhões de trabalhadores que ganham a vida fora dos empregos formais.

Por meio das matérias que fiz, encontrei alguns empreendedores independentes cujas histórias me convenceram de que, talvez, não tenhamos de esperar que o sistema reconheça e valorize os autônomos. Ao construir empresas individuais e sociedades de 1 milhão de dólares anuais ou mais (ou, em alguns casos, algo bem próximo desse número), esses trabalhadores geram renda suficiente – sem contar os impostos e os gastos – para manterem-se blindados dos problemas com que muitos autônomos se deparam, o que multiplica suas liberdades e recompensas de forma exponencial. E o que eles fazem para ganhar a vida? Todo tipo de ocupação que seja o resultado de paixões pessoais: vender mel orgânico, dar aulas on-line, produzir e-books de marketing, investimentos em propriedades e até administração de empresas tradicionais em campos como a consultoria.

Nas próximas páginas, você vai aprender como esses proprietários aumentaram sua renda administrando negócios enxutos para que, depois, você mesmo possa aplicar essas ideias e começar um negócio próspero. Alguns se dedicaram a permanecer como uma empresa individual a longo prazo; outros descobriram que criar uma start-up enxuta, de alto ganho, abria um leque de oportunidades entusiasmantes pelas quais eles não esperavam, incluindo se desenvolver da forma tradicional, no momento certo para cada um. É por isso que você vai ver, em algumas dessas histórias, que eles se tornaram, ao final, quando fez sentido para eles e para seus negócios, empregadores. Em alguns casos, esses profissionais precisaram considerar leis trabalhistas e decidir como crescer – se você precisa de turnos de trabalho que somem certa quantidade de horas, por exemplo, seus funcionários em geral não poderão ser terceirizados.

Se você deseja criar seu próprio negócio individual milionário, veja este livro como um curso intensivo, daqueles que nunca teve na escola. Ainda que não alcance o milhão, e nem pretenda alcançar, compreender as formas inteligentes e criativas como esses empresários administram seus negócios vai ajudá-lo a conquistar objetivos pessoais e a entender seu potencial, resultando em mais tempo e energia para fazer as coisas que ama. A partir desta leitura, você terá o conhecimento necessário para considerar uma nova opção de carreira que talvez nunca tenha percebido que estava disponível. Não há motivo para você improvisar sozinho quando existe a oportunidade de ter como guias estes incríveis empreendedores para mostrar os caminhos do empreendedorismo.

1
A REVOLUÇÃO INDIVIDUAL MILIONÁRIA

Laszlo Nadler, com 36 anos quando conversamos, vive uma vida com que muitos sonham: ele está a caminho de conseguir mais de 2 milhões de dólares por ano num negócio lucrativo de um homem só. Ele cuida de uma loja on-line há 5 anos, a Tools4Wisdom, de sua casa, em Nova Jersey. A loja vende *planners* semanais e mensais. Nadler terceiriza a impressão, por isso a maior parte do seu dia consiste em serviço ao consumidor, desenvolvimento do negócio e marketing. Sua empresa permite que ele tenha muito tempo para sair de férias com sua esposa e duas filhas pequenas.

Nadler nunca planejou ser um empreendedor. Estudou administração e tecnologia e seguiu carreira como gerente de projetos de uma das maiores unidades de um banco multinacional. Foi um bom trabalho que parecia justificar os gastos da faculdade que seus pais tiveram e permitiu que ele sustentasse a família recém-formada. Ainda assim, há quase 6 anos, quando Nadler conversava com sua filha mais velha sobre a importância de fazer o que se ama, suas palavras soavam vazias. Percebeu que ele mesmo não seguia esse conselho.

Nadler até que gostava do trabalho, mas estava sob constante pressão para cumprir prazos e vivia, com frequência, situações profissionais intensas. De paraquedas de uma crise para a outra, o banco não era o que ele amava de verdade. O que genuinamente o empolgava, e o levou à carreira em gerenciamento de projetos, era aumentar sua própria produtividade e ajudar as pessoas à sua volta a fazerem o mesmo. Nadler decidiu que era hora de seguir o conselho que deu à filha e logo começou um negócio paralelo: criava e produzia seus próprios *planners*, e vendia-os on-line. Diferentemente de muitos produtos semelhantes, seus *planners* não são feitos com base em listas de tarefas a fazer. Ao contrário, eles focam nos resultados essenciais de cada semana que levem as pessoas a seus objetivos primários. Sua visão de administração de tempo também é diferente e foca em quanta energia mental as pessoas gastam a cada dia em vez de quantas horas elas podem preencher com atividades. "Depois de todos esses anos, percebi que não são as unidades de tempo que temos, mas as unidades de atenção", ele conta. "Você pode ter de três a quatro horas de verdadeira unidade de atenção por dia."

Muita gente adorou a ideia e comprou seus *planners*. Quando sua receita chegou a seis dígitos, em pouco menos de 2 anos, Nadler largou o emprego para trabalhar em tempo integral no negócio que havia criado.

Nadler faz parte de uma tendência animadora: o crescimento de negócios bem enxutos, de uma só pessoa, que alcançam e ultrapassam 1 milhão de dólares de receita. De acordo com estatísticas recentes, recolhidas pelo US Census Bureau [Escritório de Censo Norte-Americano], em 2015, havia 35.584 empresas "sem funcionários" nos Estados Unidos, isto é, com apenas o dono, que contabilizavam renda anual de 1 milhão a 2.499.999 de dólares. Esse fato significa um acréscimo de 5,8% em 2014, 18% em 2013, 21% em 2012, e 33% em 2011. Algumas empresas sem funcionários até mesmo ultrapassam essa renda: em 2015, 2.090 tinham receitas anuais de 2,5 milhões a 4,99 milhões de dólares, e 355 negócios geravam 5 milhões ou mais.

Enquanto esses números ainda são relativamente baixos, muitas outras empresas norte-americanas minúsculas se aproximam da marca de 1 milhão. Outras têm grande potencial de extrapolar esse valor:

- 258.148 empresas geraram de 500 mil a 999.999 dólares;
- 584.586 geraram de 250 mil a 499.999 de renda;
- 1.861.656 negócios geraram de 100 mil a 249.999 dólares.

O que gera esse crescimento? Um dos fatores é a internet, que permitiu que empreendedores individuais mergulhassem num vasto mercado global de forma rápida e barata. "A internet trouxe todo um conjunto de recursos e ferramentas a que esses empreendedores puderam ter acesso", afirma Andrew Karpie, estudioso de plataformas on-line usadas no setor em que trabalha como diretor de pesquisa, serviços e aquisição de trabalho/cadeia de suprimentos, na Spend Matters Network, empresa de pesquisa, análise e mídia focada em aquisição de tecnologia e inovação.

Os recursos disponíveis para empreendedores em operações de um indivíduo só são vastos. Nesse contexto, tornou-se muito mais fácil, e mais rápido, montar uma estrutura legal de negócios, operações e distribuição, conforme defende o agente de capital de risco Eric Scott. Se os empreendedores querem formar uma entidade de negócios, eles podem fazer isso em pouco tempo com o auxílio de diversos servidores de conteúdo jurídico on-line. Para montar um site, eles podem buscar plataformas gratuitas ou mais acessíveis, como a WordPress, a Squarespace e a Weebly; encontrar a ajuda de que precisarem em design em outras plataformas digitais, como é o caso da 99designs; e, por fim, localizar talentos diversos em redação ou tecnologia num mercado de freelancers como o Upwork, o Freelancer ou o PeoplePerHour. Graças à possibilidade de armazenamento em nuvem, comprar servidores caros – antes uma grande barreira de entrada para start-ups – não é mais indispensável. Além disso, propaganda digital de custo relativamente baixo em mídias sociais como o Facebook e ferramentas de busca como o Google facilitam e agilizam o alcance a um grande público. Assim, uma vez que os empreendedores encontram seus clientes, é fácil processar os pagamentos on-line estando em qualquer canto do mundo, por meio de um exército crescente de provedores – em alguns casos, é preciso apenas clicar numa opção que permite que aceitem ACH (Automated Clearing House)[5] ou cartão de crédito através de softwares de faturamento.

---

5 Rede de pagamentos eletrônicos. [N. E.]

A capacidade de empreendedores individuais alavancarem seus esforços não se baseia apenas no crescimento de ferramentas automatizadas, mas também reflete uma mudança de atitude. Mais do que adotar modelos de negócio da era Henry Ford, em que se dependia da contratação de legiões de trabalhadores, esses empreendedores optaram por seguir leves. Quando precisam expandir seus recursos individuais, com frequência eles se voltam a terceiros ou a empresas que cuidam da contabilidade e de outras funções também terceirizáveis. Por conta de tendências como essa, conforme explicou Alex Hood, vice-presidente da Intuit's QuickBooks On-line, o tamanho médio de pequenos negócios nos Estados Unidos diminuiu de 6,5 funcionários em 2001 para 4 em 2014.

Portanto, enquanto empresas muito enxutas crescem, acontece o mesmo com os fornecedores e serviços terceirizados que elas contratam. Alguns empreendedores acreditam que depender de serviços externos cria um relacionamento mais positivo e igualitário do que o que muitos administradores mantêm com sua equipe. Isso porque eles veem as pessoas que os apoiam como parceiros de confiança, não como subordinados que necessitam supervisionar: todos são parte de uma comunidade de pessoas que constroem negócios simultânea e simbolicamente.

"Eu percebi o quanto fornecedores e empresários estão dispostos a fazer um trabalho melhor para você", pondera Dan Mezheritsky, 33, fundador e presidente da Fitness on the Go, uma franquia feita em casa, de apenas uma pessoa, que oferece serviço de *personal training*, com sede em Vancouver, Canadá. "Eles tentam ajudar seus negócios e aumentar os deles, ao contrário de um funcionário que só está lá pelo salário." A Fitness on the Go gerou cerca de 5,5 milhões de dólares de receita em 2016, sendo 1,5 milhão só para a matriz, e cerca de 30% de lucro.

Enquanto o nome do Census Bureau – empresas sem funcionários – define esses negócios como bastante enxutos pelo que eles não são, claramente muitos empresários os veem pelo que eles de fato são: uma máquina que oferece o potencial de alta renda, além de uma vida equilibrada e interessante, nos seus próprios termos. Esses negócios oferecem três coisas que faltam à maioria dos trabalhadores hoje: controle do seu próprio tempo, dinheiro para aproveitá-lo e independência para viver como quiser.

Muitos empresários escolhem um dos caminhos a seguir para alcançar a liberdade econômica: (1) largar o emprego e começar um pequeno negócio tradicional, como uma loja ou um restaurante; ou (2) tentar alavancar uma start-up para se tornar capital aberto ou ser adquirida por uma grande corporação. Na contramão, os empreendedores autônomos milionários tomaram um novo e terceiro caminho, no qual um único indivíduo, ou sócios, podem estender seus recursos com o objetivo de conquistar o que, em geral, exigia uma equipe maior. Essa tomada de decisão demanda esforço, mas a mudança na natureza do trabalho, o crescimento na automação e nos desenvolvimentos tecnológicos que abrem o acesso ao mercado tornam, a cada dia, essa realidade mais fácil. "Há uma forma de pensar que vai além deles", revela Eric Scott. A maneira como administram um negócio garante um impacto e supera a soma de suas partes.

Então, quem são os empresários por trás desses negócios? E o que exatamente eles fazem para ganhar dinheiro? Os fundadores de negócios autônomos de 1 milhão de dólares são pessoas comuns que se tornam muito espertas em tirar o máximo de proveito do tempo que passam trabalhando. Empresas individuais que chegam ao nível de 1 milhão de dólares estão divididas essencialmente em seis categorias:

- 1 E-commerce;
- 2 manufatura;

- → 3 criação de conteúdo;
- → 4 serviços profissionais e negócios criativos, como empresas de marketing, de palestras e consultorias;
- → 5 empresas de serviços pessoais, como coaching fitness;
- → 6 mercado imobiliário.

Essas empresas fazem uso de terceirização, automação, tecnologia móvel ou uma combinação das três ferramentas para construir, operar e aumentar seus negócios. Ao cobrir esses negócios para as várias publicações em que trabalhei, descobri que não existem duas empresas iguais; na sequência, uma breve atenção às histórias que você vai ler aqui enfatiza isso. São elas:

Rebecca Krones, 38, e seu marido, Luis Zevallos, 54, comandam a Tropical Traders Specialty Food, em Oakland, Califórnia, um negócio que gera mais de 1 milhão de dólares ao ano vendendo mel orgânico através do site da empresa e de diversos canais de venda. Terceirizar o empacotamento da mercadoria permite que eles passem muito tempo com seus dois filhos pequenos.

Cory Binsfield, 52, gera mais de 1 milhão de dólares ao ano com o aluguel dos 116 apartamentos que possui em Duluth, Minnesota. Ele comprou sua primeira propriedade quando era um jovem planejador financeiro, quando mal fazia 50 mil dólares ao ano. À época, sem conseguir um empréstimo bancário, convenceu o dono a aceitar apenas 5 mil, e pegou emprestado o restante para finalizar a compra. Aos poucos, Binsfield construiu o registro que o permitiu obter um empréstimo bancário 2 anos depois, comprando sua próxima propriedade, seguida de muitas outras. "Mapeei tudo", ele explica. "Pensei: *compre dez apartamentos dúplex, dez casas conjugadas*. Assim, eu poderia facilmente ser um milionário. Atingi esse objetivo em um período de 5 anos." E ele não parou por aí...

Meghan Telpner, 37, comanda o MeghanTelpner.com, um site focado em bem-estar que iniciou há 9 anos, depois de se recuperar de uma doença autoimune que a afastou da carreira de publicitária. Após fazer um curso de nutrição holística, Telpner começou a dar aulas de culinária em seu loft em Toronto. Três anos atrás, deu início às aulas on-line, lançando a Academy of Culinary Nutrition (culinarynutrition.com), página em que compartilha aprendizados culinários com nutricionistas e outros que desejam manter uma alimentação mais saudável. Seu negócio chegou à marca de 1 milhão um ano depois do lançamento da plataforma on-line.

Jonathan Johnson, 57, trabalhou no mercado imobiliário até enxergar o colapso financeiro global e começar seu próprio negócio, o DirectGov Source Inc., em Chico, Califórnia, como uma nova forma de gerar renda. Em 2016, gerou 2,8 milhões de dólares com a venda de equipamento para agências de segurança, como coletes à prova de bala e capacetes, e com a comercialização em outro site de kits de controle à exposição infecciosas para instalações médicas e de cuidados domésticos.

Kelly Lester, mãe de três, e com 50 e poucos anos, é dona do EasyLunchboxes, empresa on-line que vende marmitas estilo bentô em uma grande rede de supermercado na internet e em seu próprio site, gerando mais de 1 milhão ao ano com seu lucrativo empreendimento. A ocupação permite que Lester tenha tempo de curtir sua outra paixão: atuar em filmes, na TV e no teatro. Recentemente, fechou um acordo para vender suas marmitas em mais de novecentas lojas Target pelo país.

Sol Orwell, 32, mora no centro de Toronto e tem rendimentos na casa dos sete dígitos com a venda de e-books sobre suplementos nutricionais, para os quais colaboram especialistas contratados, como profissionais de nutrição. A venda é feita em seu site, o Examine.com, o que permite que Orwell passe grande parte do seu tempo livre em viagens pelo mundo. Em dias comuns, quando trabalha em casa, ele satisfaz seu desejo por estar em movimento com longas caminhadas, sem sentir-se pressionado a voltar para seu posto de trabalho e faturar mais.

Muitos daqueles que administram um negócio de uma ou duas pessoas nunca percebem que é possível gerar 1 milhão ou mais de receita com seu empreendimento ou não sabem como fazer isso. Nas próximas páginas, *Crie um negócio milionário* mostra como alcançar esse objetivo, com a apresentação de histórias de pessoas reais que alcançaram o número. Você vai aprender um sistema para alcançar o 1 milhão em três passos:

- Identificar o negócio individual de alto rendimento mais adequado a seus interesses, habilidades e experiência dentre os cinco tipos principais já apresentados;
- lançar esse negócio com sucesso, não importa quão pouco dinheiro você tenha; use canais de baixo custo, de fácil distribuição, acessíveis;
- manter o negócio em movimento para que você possa aproveitar sua vida fora do trabalho e contribuir com a sociedade.

Um negócio individual milionário vai lhe proporcionar um padrão de vida em que nunca mais será preciso olhar uma etiqueta de preço? Provavelmente não. E não vai lhe render 1 milhão de renda anual, porque você terá de subtrair suas despesas e impostos (ai!). Ainda assim, deve lhe proporcionar uma renda generosa, com um total de seis dígitos. E mesmo que você não precise faturar 1 milhão, essas ideias ajudam a faturar mais em menos tempo, para que você possa aproveitar mais a vida. Se você mora numa região de alto custo, um negócio individual possibilita feitos que muitos não podem obter se considerada a renda estagnada dos trabalhos formais:

- Casa própria (sem o medo de não poder pagar o financiamento);
- previdência privada;
- pagar dívidas de empréstimos estudantis;
- a possibilidade de pagar uma faculdade;
- a liberdade e os meios para tirar férias e viajar quando for melhor para você.

Melhor ainda: você conseguirá trazer esse dinheiro para casa sem fazer os sacrifícios pessoais necessários para conseguir o equivalente num emprego corporativo. Num negócio individual milionário, você pode fazer parte do mundo todos os dias da semana, fora de um escritório, sem temer que o tempo aproveitado em divertimento após o trabalho ou no cumprimento de suas responsabilidades familiares prejudique sua carreira ou culmine em uma demissão na próxima vez que a empresa "enxugar" seu corpo de funcionários. Você terá muito tempo para compartilhar sua vida com aqueles com que deseja. Você não vai perder os 10 primeiros anos da vida de seu filho, como muitos executivos e até empresários de companhias médias se arrependem de terem feito. Espaço para aventuras e relacionamentos será uma possibilidade real – o que é, para muitos, uma possibilidade animadora e até um pouco intimidadora.

2
O QUE FAZ OS NEGÓCIOS INDIVIDUAIS MILIONÁRIOS FUNCIONAREM

Laszlo Nadler, o empreendedor que começou o negócio de *planners* Tools4Wisdom, deu um salto econômico maior do que muitos podem imaginar para suas próprias carreiras. Nadler passou de um trabalho estável em gerenciamento de projetos, ainda que não tivesse um salário alto, para a venda de *planners* desenvolvida por ele mesmo. Em vez de chegar em casa às oito horas durante a semana, depois de resolver a mais recente crise em seu trabalho, Nadler agora tem tempo de pensar em perguntas mais amplas como: "Quais são meus objetivos para 5 anos e que passos criativos são necessários para conquistá-los?". Agora, todos os dias da semana, ele está disponível para ficar com sua esposa e suas duas filhas.

No início, Nadler não tinha ideia de como gerenciar um negócio. Ele não desejava ser um empreendedor de e-commerce – uma das seis rotas potenciais para criar um negócio milionário. Seu objetivo era gerar uma renda paralela com um negócio totalmente automatizado que proporcionaria a liberdade de escolher trabalhar ou não num dia específico. Ele percebeu que uma loja on-line era a forma mais rápida e fácil de fazer isso. "*Trabalhe 4 horas por semana* me pegou", disse ele, referindo-se ao livro de sucesso de Tim Ferriss. "Me inspirei a rever o sistema, questionar o *status quo* e ver se eu podia fazer isso eu mesmo – e, veja só, funciona."

A start-up de Nadler é um dos meus exemplos favoritos de empreendimento milionário, mas muitos similares surgem todos os dias. Vamos observar o tipo de negócio de Nadler: o e-commerce. Em 2015, 2.965 negócios de varejo, sem funcionários além dos próprios donos, geravam de 1 milhão a 2,49 milhões de renda anual; 571 potências geravam de 2,5 milhões a 4,99 milhões de dólares; e seis superastros geravam 5 milhões de dólares ou mais. Esses ainda são números baixos, mas há muitos outros varejistas que conquistam números de seis dígitos sem funcionários. Considere isso: 20.567 geravam de 500 mil a 999.999 dólares; 52.213 geravam de 250 mil a 499.999 dólares, e 131.919 geravam de 100 mil a 249.999 dólares. Muitos desses varejistas são lojas de internet: 35.501 desses negócios passam de seis ou sete dígitos na categoria do governo norte-americano, que inclui lojas de internet, "eletronic shopping" e "lojas de encomenda". E essas lojas minúsculas com frequência fazem mais do que criar uma renda para seus proprietários: elas podem se tornar ativos valiosos que podem ser vendidos, como veremos mais para frente.

FATORES DE SUCESSO

Certamente, há muitas lojas na internet que nunca passam de 5 mil dólares de receita ou estacionam num nível de vendas, como em 25 mil dólares, por exemplo, o que não sustenta a maioria das pessoas. Isso também acontece com muitos negócios independentes, de empresas de design gráfico a consultorias. O negócio de Nadler é um bom exemplo do que distingue lojas de sucesso de outras lojas. Entender o que as separa vai ajudá-lo a tirar o máximo do que será explicado nos próximos capítulos, sobre como identificar a ideia certa de negócio, transformar esse conceito inicial em um negócio individual de alta renda e viver o padrão de vida que você escolheu.

O VERDADEIRO LADO POSITIVO Liberdade e independência geralmente estão no topo da lista quando empreendedores autônomos respondem do que eles mais gostam sobre trabalhar sozinhos. Entre autônomos ouvidos para a elaboração do relatório *The State of Independence in America 2017* da MBO Partners,[6] uma empresa

---

6 MBO Partners, Inc. *The State of Independence in America 2017*. Disponível em: mbopartners.com/state-of-independence.

em Herndon, Virginia, que fornece serviços administrativos para empresários autônomos, 75% disseram que a liberdade de ser o próprio patrão foi o que os motivou ao trabalho independente, e 74% apontaram ter mais flexibilidade.

Muitos empreendedores solo também fazem mais dinheiro do que faziam em seus empregos tradicionais. A MBO Partners contabilizou 16,2 milhões de trabalhadores independentes em tempo integral nos Estados Unidos na pesquisa com 3.008 residentes, de 21 anos de idade para cima, conduzida pela Emergent Research and Rockbridge Associates. Esses trabalhadores independentes em período integral tinham uma média de 35 horas de trabalho por semana, com um mínimo de quinze horas por semana. Entre aqueles entrevistados, 43% disseram que fazem mais dinheiro trabalhando para si mesmos. Cerca de 19,75% deles – 3,2 milhões de pessoas – faturaram mais de 100 mil dólares em 2017, um aumento de 4,9% com relação a 2016. Eles conseguiram tal façanha porque se mantiveram atentos à expertise e aos serviços valorizados no mercado ao criar seus próprios modelos de negócios. "Você está vendo a quantidade de pessoas que possuem habilidades de alto nível e que crescem rapidamente na demanda", afirma Gene Zaino, presidente e CEO da MBO Partners. Como a pesquisa também mostrou, a maioria daqueles em trabalhos independentes escolhe fazer isso, isto é, não é forçada pelo desemprego ou pela crise. Como reflexo disso, a MBO Partners previu que, em 2022, o número de trabalhadores independentes nos Estados Unidos vai atingir 47,6 milhões, superando os 40,9 milhões de hoje. Se a população trabalhadora norte-americana, com idade acima de 16 anos, mantiver o número de 123.761.000 pessoas, isso vai representar 38% de todos os trabalhadores.[7]

---

7 Bureau of Labor Statistics. *Labor Force Statistics from the Current Population Survey*. Disponível em: bls.gov/cps/.

Proprietários de negócios individuais milionários têm alguns aspectos-chave em comum. Na sequência, vamos dar uma olhada em cada um deles.

OS BITOLADOS

Empreendedores milionários entendem que não importa quão lucrativa seja sua ideia ou o que a pesquisa de mercado prove, eles não entram nessa a não ser que estejam realmente interessados no ramo. Quando Nadler procurou a ideia certa de negócio, buscou pistas em seu cotidiano e concluiu que sua fascinação quase obsessiva com ferramentas de planejamento diário seria um bom lugar para começar. Quanto mais aumentava sua produtividade na carreira de gerenciamento de projetos, mais conteúdos ele estabelecia para sua ideia de negócio. Ao perceber o fato de nunca ter encontrado um *planner* que focasse nos objetivos mais amplos das pessoas, nos moldes que ele queria, Nadler decidiu criar e vender sua própria versão.

Vender *planners* é o correto para todo empreendedor? Não. Para alguns, só pensar sobre um *planner* financeiro já seria uma forma de tortura. Se você é obcecado por dispositivos tecnológicos, investimento em ações, dieta vegana, bolsas divertidas ou anos de jardim, sua ideia de negócios provavelmente precisa se relacionar com esses interesses. O segredo é descobrir uma ideia sobre a qual você curta pensar todos os dias, seja quando escreve um texto para seu site ou quando responde à pergunta de um cliente. Claro, você precisa fazer sua pesquisa de mercado para se certificar de que há outras pessoas interessadas em comprar o que você planeja vender. Não se pode construir um negócio individual milionário em torno de uma paixão que só dez pessoas no planeta compartilham, a não ser que você tenha conquistado um *status* tão alto em sua área que as pessoas estão dispostas a pagar preços elevados por seus produtos.

NÃO FAÇA TUDO SOZINHO

A maioria dos empreendedores individuais faz quase tudo sozinho. Não há nada inerentemente errado em assumir tudo quando você ama o trabalho que faz, mas essa atitude não lhe trará uma renda milionária. O que vai ajudar a chegar aos sete dígitos é expandir sua capacidade além do que uma pessoa só é capaz de fazer. A única forma de fazer isso, sem contratar funcionários, é por meio de fornecedores que auxiliem o trabalho, terceirizar e automatizar uma parte de sua atividade. A maioria dos donos de negócios individuais de alto rendimento usam uma combinação dessas três estratégias. Como Nadler aponta: "Você precisa de uma equipe para conquistar seu sonho. Se seu sonho não tiver uma equipe, é porque ele não é grande o suficiente". Você precisa precificar corretamente seu produto ou serviço, como mostraremos à frente.

Nadler é mestre em criar uma equipe enxuta. No início, ele tinha a visão de como queria que fossem seus *planners*, mas não tinha a formação necessária em design. Ele poderia ter tentado aprender sozinho, o que poderia até ser divertido. Entretanto, dominar a técnica levaria anos e sugaria suas energias, evitando que ele começasse seu trabalho. Com o foco na criação de um negócio de alto rendimento que o ajudasse a deixar o então emprego, Nadler resistiu à tentação de fazer tudo sozinho e, após fazer experimentações com o design de seus produtos, contratou uma designer gráfica freelancer local para ajudá-lo a criar formatos originais de caracaterísticas únicas. E ele não teve de procurar longe para encontrar essa profissional: quando precisou contratar uma pessoa para realizar os trabalhos domésticos em sua casa, sem saber, Nadler escolheu uma moça recém-formada, com MBA, e apaixonada por design gráfico. Assim que ele soube desses outros talentos, contou com sua ajuda para aperfeiçoar os *planners*. Com a ferramenta do Excel, Nadler criou as páginas originais do *planner*, traduzidas posteriormente no Adobe InDesign por ela. Desde então, outros freelancers tornaram-se seus colaboradores, o que o habituou a buscar talentos ocultos nas pessoas comuns de seu dia a dia; eventualmente, essas pessoas também poderiam gostar de ter uma chance de ajudá-lo em seus negócios.

Logo, com os layouts que queria em mãos, Nadler começou a imprimi-los no seu escritório, no tempo livre. Assim, ele mesmo testava como funcionavam seus produtos e a produção deles. Alheio às consequências de produzir os *planners* em sua própria casa, após sete ou dez meses, ele percebeu que essa lógica de fazer tudo sozinho tampouco funcionava quando o assunto era produção. "Eu criei um parque de impressão para testar meus produtos", ele disse. "Tinha doze ou quatorze impressoras a laser de última geração. Então, veio o recesso de final de ano. Enquanto todos comemoravam, eu criava minha própria gráfica. Finalmente, encontrei um fornecedor confiável. Foi quando os negócios decolaram." O fornecedor era uma empresa de impressões on-line.

Os esforços de Nadler foram recompensados e agora ele está focado em fazer sua empresa crescer. Segundo ele, "se você pode terceirizar sua cadeia de fornecedores, tem um crescimento quase ilimitado disponível".

SIMPLIQUE A VENDA E O ATENDIMENTO

Nadler criou seu próprio site por meio da plataforma de e-commerce Shopity, em que criou e desenvolveu uma loja on-line simplificada. No entanto, sua atenção nunca esteve focada nessa única forma de vender. A maioria dos empreendedores milionários experimenta, aos poucos, a melhor forma de fazer suas vendas, mas acaba por escolher o método ou vazão que melhor funciona. Nadler decidiu se inscrever para divulgar seus *planners* em um grande *marketplace* que permitiria boa exposição aos clientes. Ao vender nesse mercado gigantesco, ele poderia usufruir uma estrutura melhor para suas vendas, e não teria de empacotar e enviar os pedidos ele mesmo. Com sorte, já havia um produto para teste, algo que o *marketplace* exige quando os vendedores se inscrevem, portanto, não seria preciso investir muito mais para que o negócio começasse. Tudo de que Nadler precisava, se fosse aprovado, era de uma conta de vendedor profissional que custava 49 dólares ao mês. Felizmente, Nadler foi aceito com rapidez para atuar como vendedor naquele *marketplace*.

ALIMENTE UMA COMUNIDADE

Apesar de empreendedores milionários autônomos não terem um patrão ou funcionários, eles não vivem isolados; entendem que o sucesso depende de pessoas, do talento de vendedores e freelancers para chegar aos clientes. Em geral, o sucesso desses negócios tem fortes raízes em se conectar com clientes apaixonados pelo que está sendo vendido e que têm o poder de também deixar outras pessoas empolgadas quanto àquele produto.

Para isso, Nadler se voltou a ferramentas digitais para ajudá-lo a construir uma comunidade ao redor de seus *planners*. Por exemplo, o Facebook Audience Insights possibilitou que ele traçasse um perfil demográfico detalhado de consumidores em que ele precisava focar, e descobriu que eram, em sua maioria, mulheres de meia-idade. De posse dessa informação, trabalhou nas descrições de seus produtos e em outros detalhes de marketing até eles se tornarem efetivos e as vendas decolarem.

Hoje, para manter os negócios prósperos, já que sua empresa é sua única fonte de renda, Nadler passa 80% de seu tempo focado no crescimento, que, para o seu produto, significa certificar-se de que todos os clientes estejam satisfeitos o suficiente para divulgar o Tools4Wisdom. É uma perspectiva diferente daquela que muitos negócios adotam: por exemplo, a de passar todo o serviço de atendimento ao consumidor para funcionários novatos ou para uma equipe mal treinada de um call center. "Atendimento ao consumidor se tornou o foco número 1 das minhas atividades diárias", revela Nadler – isso porque as resenhas positivas em sua loja virtual conduzem a novas vendas. "Quando você tem 110 avaliações e alguém quer comprar um produto, adivinha qual ele lê primeiro? A avaliação de uma estrela."

VER O TRABALHO DE FORMA DIFERENTE

Nadler e outros empreendedores individuais de sucesso não focam apenas em crescimento. Ainda mais importante do que crescimento é a adoção de uma nova forma de pensar no trabalho, uma que reflita as possibilidades criadas pela tecnologia.

Como a maioria das pessoas que tiveram a sorte de fazer parte de economias desenvolvidas, Nadler é influenciado pela pressão da sociedade em escolher a rota considerada "segura" para garantir o sustento de si e de sua família: o emprego tradicional numa empresa. Nos Estados Unidos, isso geralmente significa dedicar-se a longos trajetos estressantes até um escritório em que a rotina diária, ainda que vez ou outra seja estimulante, é repleta de reuniões inúteis e outras perdas do limitado tempo do ser humano na Terra. Com frequência, esse caminho também significa responder a um patrão difícil, que controla seu volume de trabalho e de oportunidades.

No gerenciamento de seu próprio negócio, Nadler enxerga um movimento mais otimista e estimulante, ainda que haja certo risco envolvido. Segundo ele, "há dois tipos de pessoas. Uma que prefere a segurança acima do sucesso e fica confortável em um ambiente onde ela possa prever o resultado. Elas são perfeitas para uma carreira em uma empresa. O outro tipo é a empreendedora. É aberta à exploração e não se preocupa tanto com o resultado. Esses ficam ansiosos pela jornada". Quando Nadler começou com seu negócio paralelo de meio período, percebeu que era uma pessoa que curtia mais a jornada do que a segurança. Afastou as ideias antigas de como deveria viver e aceitou ser um empreendedor individual, apoiando-se em ferramentas como sites e livros, que o lembravam do que realmente importava na vida e ajudavam-no a comprometer-se com determinado caminho, quando na sociedade não havia GPS para guiá-lo.

A aposta calculada de Nadler valeu a pena. Com 4 anos de administração, seu lucrativo negócio em tempo integral passou da marca de 2 milhões de dólares em renda e o empreendedor viu sua vida se transformar. Nadler vai permanecer comandando uma operação bem enxuta daqui a 1 ou 2 anos ou vai comandar uma equipe cada vez maior? Isso não é o mais importante em sua história. O ponto do negócio de 1 milhão de dólares é que ele oferece opções, seja permanecer pequeno enquanto tira uma boa renda ou continuar a crescer. Você vai perceber que nenhum dos caminhos envolve o sofrimento de ter um negócio freelance mediano, situação em que despesas inesperadas, que são comuns, como ter que comprar novos pneus, podem segurar e comprometer seu orçamento por meses.

Qual é o conselho de Nadler a outros pretensos empreendedores que desejam gozar do mesmo tipo de liberdade que ele tem? Reconheça que aquilo que você aprendeu na escola não acompanhou as novas, estimulantes e lucrativas oportunidades de ganhar a vida que a era digital trouxe. Eduque-se o quanto antes em assuntos que *você* ama, e torne-se um especialista ao praticar sua paixão diariamente.

Você está pronto para trocar as velhas formas de trabalhar por uma que vai permitir que você viva a liberdade que empreendedores como Nadler aproveitam todos os dias? Sol Orwell e outros empresários mostram, no próximo capítulo, como descobrir o negócio que vai permitir isso.

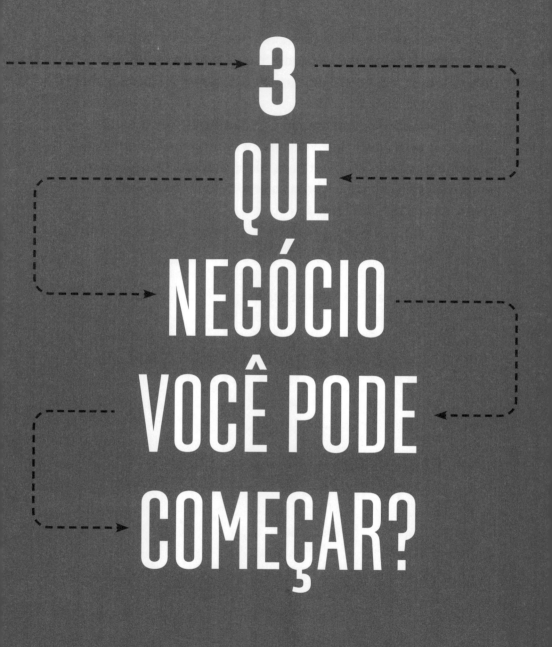

Sol Orwell, o empreendedor de e-books de Toronto que você conheceu no primeiro capítulo, é um cidadão global. Nascido no Paquistão, ele cresceu entre a Arábia Saudita e o Japão; na sequência, morou em Houston, no estado norte-americano do Texas, e, por fim, no Canadá, país para onde o trabalho de seu pai como engenheiro de uma empresa petrolífera levou a família. Apaixonado por conhecer mais do mundo, hoje Orwell passa de três a quatro meses do ano viajando.

Seu negócio, a Examine.com, construído com cuidado, surgiu com o objetivo de sustentar e acomodar o padrão de vida de viajante de seu criador. Orwell escolheu manter o negócio enxuto e livre de investimentos externos para que ele seja o único responsável por estabelecer marcos e prazos para a empresa. Para manter sua agenda aberta, Sol contrata um fornecedor de confiança que administra o negócio em seu lugar, colaborador que, por sua vez, ganha uma pequena participação acionária para mantê-lo motivado.

"Para mim, viajar é mais importante do que ganhar muito dinheiro", Orwell explica. "Na próxima semana vou ficar fora durante quatro dias para um festival de música. Na outra, vou estar longe por outros quatro para uma despedida de solteiro. Na sequência, mais duas semanas na Suécia. Isso não seria possível se eu trouxesse investidores de risco. Eu não sinto que preciso de uma casa de 5 milhões, de carros de luxo ou de relógios de marca. Não tenho nada contra quem quer esse padrão de vida, mas viajar é meu objetivo principal." Graças a um negócio lucrativo que passou dos sete dígitos, Orwell tem dinheiro o suficiente para explorar essa paixão. E por causa de todos os amigos que fez na internet e nas mídias sociais, ele tem conexões ao redor do mundo para visitar em suas viagens.

Orwell também contribui para a comunidade. Na última vez em que nos falamos, ele levantava dinheiro para o grupo sem fins lucrativos Community Food Centres Canada num evento para empreendedores chamado Sausage Showdown, uma competição de quem consegue comer mais salsichas. Os participantes pagaram 100 dólares para participar do evento. O valor cobria todas as salsichas que cada um poderia comer, preparadas por *chefs* renomados. Orwell pagou os 2 mil dólares de despesas para que todo o dinheiro fosse para a caridade. "Se meu investimento de 2 mil dólares traz de volta 10 mil como doação, de repente eu multipliquei por cinco meu investimento em caridade." A gincana foi a continuação de um evento anterior de arrecadação de fundos muito conhecido, organizado por Orwell, chamado Chocolate Chip Cookie Off, em que *chefs* profissionais competem para assar o melhor cookie de chocolate.

Então, como é que você parte de onde sua carreira está atualmente para aproveitar a liberdade que Orwell tem? Tudo começa com formar uma ideia do tipo de negócio que você quer comandar e o padrão de vida que quer sustentar.

Isso não é algo que se faz numa tarde. Para a maioria dos empreendedores entrevistados para este livro, levou algum tempo para pensar, remoer, pesquisar e experimentar. Orwell, por exemplo, tentou outros quatro negócios: jogos on-line, venda de domínios de internet, sites para buscas locais e ofertas do dia, com níveis de sucesso variáveis, antes de encontrar aquele que o levou ao milhão, sem funcionários. Esse passo exigiu comprometimento, mas também trouxe grandes recompensas. Nos Apêndices, no final do livro, você encontrará resumos que o ajudarão, por meio de um processo de reflexão, e irão estreitar a lista de negócios em potencial para aquilo que vai ajudá-lo a construir seu próprio negócio de alto rendimento.

ENCONTRE SEU NEGÓCIO INDIVIDUAL DE SETE DÍGITOS: PERGUNTAS E RESPOSTAS COM MEGHAN TELPNER Não é fácil identificar o tipo de negócio individual que pode gerar 1 milhão ou mais para você. É um processo diferente de encontrar um negócio que permita ganhar dinheiro extra ou que substitua um trabalho. O ponto é encontrar um negócio que permita multiplicar o impacto financeiro de seus próprios esforços sem assumir as altas despesas de administrar um negócio da forma tradicional.

No caso dos empreendedores milionários, cada um tende a seguir seu próprio caminho, em geral inesperado, para encontrar a ideia adequada, seja empregando um conhecimento que adquiriram numa carreira anterior, atendendo a uma demanda de mercado que eles observaram como consumidores, ou construindo a partir de um prévio conhecimento obtido em um negócio iniciante.

Na sequência, algumas sugestões de Meghan Telpner, a especialista em alimentação que conhecemos no capítulo 1. Além de cuidar de seu site de bem-estar e da Academy of Culinary Nutrition, Telpner assessora outros empresários e tem visões únicas para os desafios que eles encaram para criar o conceito certo.

Como é possível para os novos empreendedores identificar interesses que eles podem transformar em negócios prazerosos? TELPNER: Comandar um negócio baseado em paixão é a coisa mais difícil do mundo e potencialmente a mais lucrativa e recompensadora. Nem todos os nossos *hobbies* e tudo o que amamos precisam fazer parte de nossos negócios. *É importante que você acredite no que quer criar e no que vai vender, e que leve tempo construindo uma fundação sólida* em que isso possa crescer enquanto se torna melhor naquilo que faz e passa a entender o que funciona ou não no seu negócio. As mídias sociais nos inundam com ideias de projetos de seis dígitos e listas com estratégias, mas, se não construirmos nossa própria credibilidade, integridade e experiência, isso pode ser algo passageiro. Um enfoque lento e constante pode ajudá-lo a assegurar que o projeto de seis dígitos deste ano seja um negócio de sete dígitos em 2 ou 3 anos.

Você tem alguma ferramenta preferida para pesquisar ideias de negócios? TELPNER: Aquilo que nos torna especiais como seres humanos precisa fazer parte de nossos negócios, de algum modo. A maioria das pessoas *não sabe o que é* isso porque normalmente é algo que vem até nós tão facilmente ou que parece óbvio demais. Se pudermos combinar isso com um forte "*por quê?*" em termos dos motivos pelos quais o queremos para começar (e pode ser apenas uma motivação financeira), ajuda bastante. Por fim, precisamos ou resolver um problema, ou atender a uma necessidade, ou fazer o melhor, dentro do que já está sendo feito, dentro do possível.

Você faz pesquisa de mercado? Se sim, como faz? TELPNER: Eu faço pesquisas de mercado bem informais, geralmente através de postagens de blog. Faço uma pesquisa aprofundada num tópico, escrevo um post de 2.500 palavras, compartilho nas mídias sociais e vejo quais são as respostas. Com base nesses dados, posso expandir a informação numa webconferência ou numa *live keynote* ou desenvolver um programa on-line. Em especial, levo a sério comentários e perguntas feitas por mídias sociais e e-mail, e uso como inspiração para meu programa de desenvolvimento.

Você tem sugestões para pessoas em negócios com foco em conteúdo para como essas pessoas podem direcionar seus conhecimentos nas vendas? TELPNER: Todos nós temos um conjunto de habilidades específicas e enfoques que tornam o que fazemos *único*. É isso o que temos de alavancar. Não acho que precisamos pensar demais. Se temos um negócio com foco em criação de conteúdo, devemos ter uma boa ideia sobre o que nosso público ama e procura. A melhor forma de encontrar isso é participar da comunidade que construímos, em vez de ser apenas um gerador de conteúdo. Converse com sua comunidade, pergunte a ela o que quer. Se a resposta for algo que se alinha com o que você realmente deseja criar, então você saberá que está lançando algo com uma base de clientes já incorporada. Tornar isso realmente incrível: desde a maneira como você descreve e vende seu produto (prometa menos do que vai cumprir e seja honesto em sua descrição) até o modo como executa (nenhum detalhe deve ser desprezado!) e o acompanhamento feito depois (porque você realmente se importa com o que seus clientes/fregueses recebem e como recebem); todo esse cuidado irá determinar o quanto seu público vai compartilhar e divulgar seu trabalho, o que resulta em novas vendas. Além disso, é o que pode determinar o sucesso de seu próximo produto.

O CAMINHO PARA ENCONTRAR SUA IDEIA MILIONÁRIA

Como Telpner aponta, não há uma rota mapeada para encontrar sua ideia milionária, mas muitos empreendedores usam um processo comum para criar negócios individuais de alto rendimento.

DIMENSIONE CORRETAMENTE SEUS OBJETIVOS

A grande imprensa de negócios celebra empreendedores – como Mark Zuckerberg, do Facebook, Elon Musk, da Tesla, e Sergey Brin e Larry Page, do Google – que alavancam suas ideias num negócio de tamanho substancial. As histórias dos grandes empreendedores são inspiradoras, mas também podem ser intimidantes. É fácil pensar que se você não tem uma grande ideia como o Facebook, e que se seu objetivo não é dominar o mundo ou atingir uma capitalização de mercado bilionária, nem vale a pena abrir um negócio.

Por causa desse pensamento, muitos se convencem a desistir de um negócio que poderia proporcionar uma vida bem mais recompensadora e satisfatória. É como dizer a si mesmo que, como não nada no nível de Michael Phelps, você deveria desistir do sonho de competir num triatlo ou de dar suas voltas na piscina e ficar no sofá vendo TV. Pensar grande é ótimo. É importante pensar grande se seu objetivo é passar do milhão em renda, mas não a ponto de ficar imobilizado e deixar de ir atrás de uma vida interessante construída ao redor de suas paixões.

Martin Goh, 39, e sua esposa, Carlene, 37, perceberam a importância de estabelecer os objetivos que significavam algo para eles depois de um diagnóstico de câncer de pulmão de estágio 4, de não pequenas células, recebido em 2013, quando Carlene completava 33 anos. Casados desde 2008, o casal, que morava em Singapura, passado o tratamento de Carlene, com sua saúde estabilizada, começou a refletir sobre a vida e percebeu que ambos queriam se tornar empreendedores. "O que queríamos fazer era tentar começar nosso próprio negócio, para que fizéssemos algo juntos e tivéssemos um padrão de vida mais flexível que nos permitisse um pouco mais de tempo livre", revela Martin.

Ambos trabalhavam em empresas e Martin se perguntava se eles dariam certo como empreendedores. Segundo ele, "um dos pensamentos que mais me convencia a não começar meu próprio negócio era a necessidade de ter uma ideia arrasadora. Eu tinha de fazer algo em que ninguém havia pensado ainda, senão não haveria sentido. Então percebi, há cerca de 1 ano, que idiotice era aquela ideia. Quantos mercados monopolizados existem no mundo? Todo mercado sustenta mais de uma iniciativa".

Martin e Carlene arriscaram e começaram o The Local Fella em maio de 2016, abandonando seus empregos corporativos. Como são cristãos, tomaram a decisão depois que "rezaram bastante", diz Martin. Na última conversa que tive com eles, os tumores de Carlene haviam se estabilizado, mas o câncer persistia e eles precisavam lidar com isso com a mente tranquila.

Começaram um negócio que fornece guias de viagem customizados para os visitantes de Singapura pelo preço de um guia normal. Os clientes passam por uma pesquisa sobre seus objetivos na viagem, e o casal ajuda a planejar o itinerário com seu conhecimento local, poupando tempo de pesquisa e garantindo a experiência de um local a um turista.

Felizmente, como viveram com os pais de Martin durante anos para evitar altos gastos com moradia, o casal tinha economizado uma quantia de dinheiro que deu a eles a liberdade financeira para tirar a ideia do papel. Decerto, morar com os pais não é uma ideia prática para todos os empreendedores. Ainda que não seja, é possível cortar as despesas com moradia – um dos maiores custos fixos de nosso orçamento – de outras maneiras, como evitar reformas ou alugar um quarto que esteja disponível. Um empreendedor que conheço, por exemplo, já na meia-idade, vendeu sua casa e passou a pagar aluguel, decidido que estava a começar um negócio. Caso você esteja se perguntando como o casal Carlene e Martin ainda tinha dinheiro para começar uma start-up depois de todas as despesas médicas de Carlene, saiba que a assistência médica de Singapura os protegeu dos altos custos com que muitos pacientes nos Estados Unidos, do outro lado do mundo, deparam.

Carlene e Martin estão apenas começando o negócio, mas pensam como empreendedores milionários. Em vez de olhar para negócios individuais como se fossem start-ups que fracassaram em seu crescimento, eles encaram como uma nova opção de carreira que pode libertá-los para que vivam como desejam. Ainda mais importante, o casal não se prendeu à fase inicial, a da ideia. Agora, eles agem no nível dos sonhos, porque estão comprometidos com a ideia e a colocaram em prática. Como Peter Johnson, fundador e CEO da plataforma de gerenciamento de freelancers Kalo, diz: "Há tanta gente que trabalha em grandes empresas que procrastina.

Eles chegam aos 40 anos sem tirar as ideias do papel". A procrastinação pode levar a muitos arrependimentos, do tipo que empreendedores como o casal dessa história não têm.

IDENTIFIQUE O VALOR DE SUA PAIXÃO

O objetivo de cada empreendedor será único para ele. Ben e Camille Arneberg, casal que vive em Austin, no Texas, decidiu que queria chegar a um objetivo bem concreto quando começaram seu negócio de utensílios domésticos de luxo, em 2015: ter 1 milhão de dólares de renda. Manter essa meta em mente os ajudou a passar pelos desafios que, de outra forma, poderiam tê-los prejudicado.

Quando eles começaram a Willow & Everett, tinham apenas 25 anos e nenhuma experiência em vendas. Ben havia estudado ciências da computação na academia norte-americana das Forças Armadas e tinha um mestrado em engenharia de computação pela Universidade de Northeastern, e atuava como engenheiro e gerente de programação. Camille, que fez mestrado em relações públicas, com foco em organizações sem fins lucrativos e sustentabilidade, tentou trabalhar na área de sustentabilidade das empresas, mas acabou preferindo um estilo de vida não corporativo. Ela começou um negócio de fotografias de casamento depois de se formar, e nos 3 anos seguintes isso se transformou num empreendimento de tempo integral.

A dupla compartilhava o interesse por um estilo de vida ativo. Ben estava na equipe de paraquedismo das Forças Aéreas e Camille era personal trainer certificada. Eles tentaram vender mangas de compressão (um acessório para corredores) na internet, esperando transformar esse interesse em negócio. Apesar de estarem empolgados com o produto, os clientes não ficaram – e o negócio não foi bem. "O produto não era diferente ou desejável o suficiente para ressoar no público", Ben destaca.

Em vez de desistir, o casal começou a discutir sobre outros tipos de produtos que gostariam de vender. Neste ponto, eles se fizeram duas perguntas: O que nos apaixona? Como podemos agregar valor às pessoas? Camille e Ben, que adoram receber amigos, perceberam que gostariam de vender produtos que ajudassem as pessoas a também fazer isso. Os dois realmente gostavam de criar ideias de novos drinques ou de cafés para servir aos amigos, então se sentiram confortáveis para construir uma comunidade ao redor disso, e esse não era o caso de alguns de seus outros interesses. "Certos *hobbies* meus são muito pessoais", explica Camille. "Eu adoro pintar e, para mim, é relaxante; mas não é algo que me sinto apaixonada em incentivar os outros. É algo que faço para mim mesma."

Logo, eles começaram a pesquisar produtos que poderiam ser vendidos, que se encaixavam numa lacuna que viam no mercado: "produtos de alta qualidade, ótima aparência, que não quebram o orçamento", segundo Ben. Para identificar esses produtos, pesquisaram o gigante do mercado de varejo Alibaba.com, e mais tarde começaram a trabalhar com um agente de aquisição sediado na China. Para encontrar o agente certo, conheceram cinco candidatos num banco de freelancers e trabalharam com cada um deles por um período. Finalmente, escolheram o profissional com que mais se impressionaram. Produtos como um conjunto de duas canecas de cobre e um copo de shot, que eles atualmente vendem em seu site para varejistas por U$ 36,99, foram um dos utensílios selecionados.

Para obter esses produtos, o casal fez uma parceria com um fabricante que encontrou na Índia. "Nós colocamos a marca nos produtos que eles já vendem", diz Camille. "Às vezes, ajustamos o design dos produtos." Essa tática elimina intermediários, e permite que os Arneberg comprem suas mercadorias com preços menores do que no atacado.

O QUANTO VOCÊ PODE ARRISCAR?

Os Arneberg tiveram de estocar suas mercadorias para lançar a loja. Investiram cerca de 5 mil dólares, levantando dinheiro com amigos e família. Não é um dinheiro desprezável para um casal que está apenas começando, mas eles disseram a si mesmos que isso poderia mudar suas vidas.

Olharam para os custos da empresa como um investimento em educação. "Hoje, pagamos milhares de dólares numa faculdade. Com isso, pensamos: 'Vamos gastar 5 mil dólares. Vamos aprender muito. Mesmo que tudo vá pelo ralo, essa experiência não terá preço'", ressalta Ben.

Após pesquisar as opções, decidiram vender seus produtos em um gigante de e-commerce, o que restringe as vendas para esse site e para o do casal. Foi necessário apostar que a plataforma daria a eles a exposição de que precisavam. A aposta se pagou. "Nós nos integramos bem e conhecemos a equipe deles. Eles nos ajudaram a vender a história da nossa marca."

Uma parte crucial da história da empresa deles é o foco em servir a comunidade. A plataforma de varejo apresentava o negócio a partir de um vídeo sobre atitudes solidárias durante as festas de final de ano, o que ajudou no perfil da empresa, que doa 10% de seus lucros para instituições de caridade.

Conforme a loja aumentava para cerca de dezoito produtos disponíveis, foi necessária certa tentativa e erro para encontrar aqueles que realmente venderiam. "Aprendemos que, de cada cinco produtos que você lança, você terá talvez um ou dois de sucesso, e provavelmente um fracasso ou dois", afirma Ben. "Agora, já estamos preparados para alguns fracassos quando lançamos produtos."

Escolher o produto errado não significa perder todo o investimento. Quando um produto se mostra um fracasso, eles vendem com desconto. Para poder estocar os produtos que vendem bem, eles recorreram à renda do trabalho de Camille como fotógrafa, e participam de um programa interno de crédito de um grande varejista, pegando emprestado dinheiro que é pago de volta com 12% de juros. O casal foi aceito para o programa de crédito depois que ficou 1 ano inscrito na plataforma da varejista. O empréstimo permitiu triplicar a renda em 1 ano. "Pedimos algumas centenas de milhares de dólares para que pudéssemos adicionar novos produtos", conta Camille. "Conseguimos acrescentar seis novos produtos ao nosso catálogo num tempo bem curto." Ter acesso a esse financiamento também possibilitou atender à demanda quando ela ficou alta. "No começo, quando estávamos confinados pelo capital, vendíamos até ficar sem estoque", lembra.

Para permanecerem focados nas grandes decisões que fizeram aumentar a renda, Camille e Ben não tentaram fazer tudo sozinhos. Isso significa, por exemplo, terceirizar as fotografias e o atendimento ao cliente no site deles. "Estamos apenas orquestrando tudo, em vez de implementar", diz Ben.

Uma área em que eles realmente poupam tempo é com o preenchimento de pedidos. Quando pediram as primeiras quinhentas canecas de cobre e a entrega abarrotou seu pequeno apartamento, decidiram nunca mais fazer isso. Agora, o casal conta com um serviço de preenchimento externo, comandado pela plataforma de varejo, para processar todos os pedidos. Há um custo para isso, mas, segundo Ben, "nós nunca vemos nada. O serviço cuida de tudo, pedidos, etiquetas, tudo o que você pode imaginar".

"É por isso que pudemos permanecer enxutos", diz Camille. "Muitos dos componentes normais de um negócio on-line são transferidos."

Como resultado de todos esses esforços, o casal alcançou a marca de 1 milhão de renda em abril de 2016, 1 ano e quatro dias depois de começarem, e desde então já cresceram para uma renda de mais de 5 milhões. Perto do Dia de Ação de Graças, também em 2016, pouco antes das festas de dezembro, eles contrataram um gerente de marketing, que trabalha meio período e ajuda o casal. Com o site fervendo, Ben e Camille Arneberg esperam viver o sonho de ter mais tempo para esportes e treinos, para visitar a família e os amigos e poder viajar.

DEIXE CLARO O QUE IMPORTA

Como pode descobrir o que realmente quer do seu trabalho e se você será capaz de encontrar um negócio individual de alto rendimento? Muitos empreendedores individuais milionários perguntaram a si mesmos o que queriam da vida: mais tempo, mais dinheiro ou as duas coisas? Uma fonte de renda que permitisse trabalhar em qualquer lugar, a qualquer hora? Um estilo de vida mais saudável? Um veículo criativo? Uma forma de se conectar com pessoas que compartilham da mesma paixão? Uma forma de mudar o mundo para melhor? Um negócio que pode ser comandado enquanto as crianças estão na sala? Uma forma de trabalhar na qual um problema de saúde ou deficiência não seja um obstáculo?

Se, para você, fazer essas perguntas não parece algo prático, saiba que isso não é uma surpresa. O mundo do trabalho tradicional não encoraja você a pensar sobre sua vida de forma abrangente. Muitas empresas são construídas com sistemas que exigem que as pessoas se comportem de modo uniforme, previsível, para que os donos possam alavancar de forma eficiente suas operações e maximizar seus lucros. O modelo de bater o ponto exigiu que os trabalhadores separassem a vida caseira da vida profissional. Se quiser fazer as coisas de forma mais adequada a você mesmo, você não se encaixa. Dar de cara com as limitações de trabalhos tradicionais pode fazê-lo sentir que o modo como você quer trabalhar – e viver – é, de certa forma, errado. Na realidade, é apenas inconveniente para os donos de empresas que querem maximizar seus lucros e de seus acionistas.

Assim como a medicina está se afastando dos tratamentos que funcionam para a "média" dos pacientes em favor de um enfoque individualizado que leva em conta nossa genética, o mundo profissional também está mudando. Grandes empresas estão se afastando de modelos rotineiros de trabalho para permanecer competitivas com as start-ups inovadoras; elas percebem que adotar formas de trabalho mais fluidas e customizadas faz mais sentido. Algumas empresas até colocam departamentos inteiros em espaços de *coworking* para atiçar sua criatividade. Essa prática tem tornado os trabalhos tradicionais mais atrativos para diversas pessoas, mas não para todas. Se quer trabalhar de uma forma altamente individual que se adeque apenas a você, e realmente tirar lucro de seu trabalho, começar um negócio lhe dará mais liberdade para conseguir isso. Só porque o tipo de trabalho que deseja começar ou a forma como deseja trabalhar ainda não foi inventada, não significa que você não possa ser a pessoa que fará as coisas de forma diferente.

CONSIDERE AS POSSIBILIDADES

Todos temos assuntos em que somos especialistas. Para mim, são as estatísticas anuais sobre negócios sem funcionários contratados além do dono do US Census Bureau. Todo mês de maio, eu verifico o site do Census para ver os dados, assim posso rastrear e reportar o crescimento do número de negócios de seis e sete dígitos. Esses negócios ali listados são os indicadores mais empolgantes de como será o trabalho no futuro.

Mas os dados não contam os detalhes operacionais desses negócios. E isso faz parte. Para proteger a privacidade dos proprietários, o governo não revela suas identidades. Ele só diz em qual categoria – como varejo – o negócio se encaixa, e permite que você revire um pouco as informações disponíveis para descobrir em quais segmentos (por exemplo, aproximadamente quantos dos varejistas estão vendendo em e-commerces). Isso é o máximo de detalhes que podem ser obtidos.

Para saber se eu poderia ir além, comecei a pedir aos leitores dos meus artigos para me contatarem caso eles administrassem empresas de 1 milhão de dólares sem funcionários. Agora, de tempos em tempos, recebo uma mensagem de um desses empresários ou de alguém que conhece um empreendedor que se encaixa no perfil.

Ao fazer essas entrevistas, identifiquei seis categorias dos melhores ramos para criar negócios individuais milionários. Conforme listado na introdução: e-commerce, manufatura, criação de conteúdo de informática, serviços profissionais/negócios criativos, serviços pessoais e mercado imobiliário. É certo que deve haver outros que ainda não descobri, ou que você ou outro leitor poderá inventar, mas essa lista vai ajudá-lo a pensar sobre as possibilidades.

E-COMMERCE

Gerenciar uma loja virtual é uma das formas mais acessíveis de criar um negócio individual de alto rendimento, graças às tecnologias disponíveis que tornam possível montar uma loja em apenas um dia. Sim, há competição entre as lojas gigantes de e-commerce que oferecem preços muito baixos, mas diversas lojas virtuais enxutas, frequentemente comandadas de casa pelos donos, prosperam. Considere isto: eCommerceFuel, uma comunidade apenas para convidados de donos e gerentes de lojas virtuais com pelo menos 250 mil dólares de renda, cresceu nos últimos 5 anos para mil membros no total, cujas vendas médias são de 750 mil dólares. "A chave para o sucesso (no e-commerce) é construir uma reputação como curador de certo tipo de produto altamente especializado e criar uma comunidade de aficionados com uma consciência única", afirma David Fairley, fundador e presidente da Website Properties, um comércio de negócios on-line com base em Yelm, no estado norte-americano de Washington. Fairley acrescenta: "Essa é a forma de evitar uma competição implacável de preços e diluição de lucratividade, estabelecendo uma marca que ninguém tem".

Tudo começa com você finalmente encontrando o produto em que esteja interessado – quer sejam chapéus de esqui divertidos ou algum tipo de novidade eletrônica –, já que vai passar muito tempo pensando nisso. "Uma pessoa comum pode facilmente ser bem-sucedida se criar algo direcionado a um nicho", diz Fairley. "Quanto mais de nicho, melhor." Fairley tem experiência na linha de frente, comandou e vendeu suas próprias lojas na internet, incluindo a Hammocks.com, que foi adquirida por uma grande varejista da internet, Hayneedle.

EM QUE NICHO VOCÊ ENTRA? David Fairley ajudou seus clientes a impulsionar diversas lojas de sucesso na internet, que comercializavam, por exemplo:

- Materiais de origami (preço de venda: sete dígitos baixos);
- bolinhas pula-pula (preço de venda: sete dígitos);
- máscaras de dormir (preço de venda: sete dígitos);
- galochas (preço de venda: seis dígitos);

- ----▶ bibelôs de duendes e fadas (preço de venda: seis dígitos);
- ----▶ bandeiras decorativas para caixas de correio (preço de venda: seis dígitos médios);
- ----▶ spray de pimenta (preço de venda: seis dígitos);
- ----▶ telas protetoras para lareiras (preço de venda: seis dígitos).

"Quem diria que galochas poderiam ser um negócio de seis dígitos?", questiona Fairley. Porém, você não precisa encontrar um nicho esquisito ou incomum. "Muitas vezes ideias têm origem em algo que você já faz." Em alguns casos, empreendedores com atuação na internet perceberam que há um número limitado de ofertas interessantes numa categoria particular ou produto, e decidem descobrir o que há por aí. "De repente, eles têm um negócio", diz.

Isso é o que aconteceu com Boris Vaisman, 30, e seu irmão, Albert, 24, que comandam a loja virtual Soxy.com, um e-commerce com sede em Toronto, no Canadá, que teve sete dígitos de receita e gerou lucro logo em seu primeiro ano por libertar os homens de regras de vestimenta que escondiam sua verdadeira personalidade. Os irmãos criaram um serviço de assinatura de meias com estampas exclusivas, de qualidade, enviadas mensalmente, além de também venderem pares de meias para quem optar por comprá-las fora do serviço de assinatura. "É difícil para os homens serem notados", afirma Boris. "Não há maneira melhor de mostrar sua personalidade do que usando um par de meias descolado."

Boris e Albert então começaram a gerenciar uma loja virtual que vendia peças para todo o guarda-roupa masculino. A ideia inicial era ajudá-los a se vestirem bem sem gastar grandes quantias. Depois de 2 anos nesse nicho, enquanto estudavam os dados de venda, ambos tiveram uma epifania.

"Percebemos que a maioria dos pedidos incluía as divertidas meias estampadas que vendíamos", afirma Albert. "Não entendíamos o motivo. Consultamos dúzias de clientes e descobrimos que os homens são extremamente limitados quando se trata de se destacar e de se expressar através da moda no ambiente de trabalho, e estão sempre com o mesmo terno. Apesar disso, eles apostavam nas meias. Usavam diferentes pares de meias todos os dias. Essa era uma forma inusitada de se expressarem. A partir daí, mudamos o rumo do negócio e decidimos focar apenas nas meias. Queríamos focar nossa energia para entregar a melhor experiência em meias masculinas."

Alterar a rota para melhor se adequarem ao mercado exigiu uma mudança radical de mentalidade e o abandono de ideias preconcebidas. "Muitos de nós criamos uma ideia de negócio", revela Boris. "Nós nos apaixonamos por essa ideia. Nossa mente tem uma forma de pintar a ideia sem considerar os riscos: essa vai dar certo."

Mas, após ouvir seus clientes com atenção, os irmãos não podiam negar que a ideia inicial não refletia os desejos de seus consumidores. Enquanto reuniam uma variedade de produtos que achavam ótimos, as vendas e os comentários dos clientes contavam uma história diferente. "Eles estavam mesmo interessados em meias descoladas e divertidas." Isso exigiu uma tomada de decisão consciente. "Decidimos focar no que o cliente queria e não no que nós queríamos vender."

Para reagir ao que o mercado dizia, foi necessário pintar um novo quadro em suas mentes. Não foi fácil, mas eles sabiam que tinham de fazer isso para lucrar e criar um negócio sustentável.

Valeu a pena escutar os clientes. Ao se concentrarem nas meias, puderam expandir, e acabaram contratando cinco funcionários para que não fosse preciso trabalhar até tarde da noite para atender à demanda. Os irmãos têm o padrão de vida que buscavam quando começaram a Soxy.com e continuam a aumentar a renda. Apesar de, no início, os dois não verem sentido no fato de contratar funcionários da forma tradicional, quando precisaram manter as despesas baixas, chegaram ao ponto em que contratar ajuda também foi um investimento importante para a liberdade pessoal deles mesmos. O e-commerce é um negócio altamente competitivo, muito sensível às sazonalidades, e para liberar um número crescente de pedidos a tempo, sem muito estresse, eles precisavam colocar gente na folha de pagamento. Felizmente, manter os custos baixos pelo máximo de tempo possível concedeu a liberdade financeira para contratações quando isso fez sentido para o negócio deles.

Alguns empreendedores encontrarão encruzilhadas semelhantes em suas trajetórias; outros descobrirão que nunca precisarão de funcionários para atingir seus objetivos. O importante é reconhecer que os negócios não são estáticos, e saber o momento de fazer escolhas que permitam o desenvolvimento tranquilo da empresa para que você também possa viver sua vida da forma como deseja. Segundo Boris, "para nós, a questão era construir um negócio que nos desse oportunidade de viajar, de conhecer coisas novas, de viver".

O TESTE DO NEGÓCIO INDIVIDUAL MILIONÁRIO

Quando você tiver uma ideia empolgante, é importante testá-la em pequena escala antes de investir muito dinheiro. "Você pode montar sozinho um site bem barato, ou ter alguém que faça isso para você", observa David Fairley. "É possível, hoje, testar ideias de forma bem em conta." Para montar uma loja básica, com funcionalidade de e-commerce, ele recomenda o WordPress ou o Shopify. "Se decolar, você pode expandir dali, e continuar a crescer."

Talvez, não seja preciso nem montar seu próprio site para o teste. Fairley explica: "Muitos empreendedores começam vendendo um item no *marketplace* da Amazon antes de montarem seu próprio site ou em sites de compras coletivas. Muitas empresas vendem seus produtos no atacado e entregam por meio de *drop-shipping* para que você não tenha que formar um estoque até vender". É recomendável começar com uma pesquisa por produtos de atacado ou empresas de *drop-shipping*.

Se decidir focar nos consumidores, você provavelmente terá de investir em anúncios *pay-per-click* para atrair compradores. "O Google e o Facebook são grandes lugares para começar a vender." Com a ferramenta do *pay-per-click*, você pode testar o nível de interesse no seu produto. Se ninguém aparecer, você sempre poderá tentar mais uma vez com outro projeto.

UM ATALHO NA CURVA DE APRENDIZADO

Em qualquer negócio, há uma curva de aprendizado. Para conseguir uma receita de 1 milhão, muitos empreendedores pegam um atalho: começam um negócio numa área já bem conhecida, seja num campo em que trabalharam ou em algo pessoal. Isso os ajuda a evitar erros primários e a dimensionar rapidamente os ganhos. Enquanto você considera as opções diante de si, pode ajudar se recorrer a uma expertise que você já tenha.

Isso é especialmente verdadeiro no e-commerce, em que o conhecimento de especialista do seu mercado e de produtos pode lhe dar uma vantagem competitiva incrível. Por exemplo, Allen Walton, 29, usou sua prévia experiência em uma loja de câmeras de segurança para construir a SpyGuy, loja virtual que passou do 1 milhão de receita no primeiro ano. Frustrado com o trabalho tradicional e com uma folha de pagamento que não refletia seu desempenho e seu esforço, decidiu trabalhar para si mesmo. Com apenas mil dólares economizados, ele montou sua própria loja há 3 anos.

Logo Allen descobriu que tinha algo que muitos empreendedores cobiçam: uma vantagem competitiva injusta. Durante o tempo em que vendeu câmeras e outros dispositivos eletrônicos na loja, e, mais tarde, quando gerenciou outra loja, dessa vez virtual, para outro empreendedor, ele praticamente dispunha de um diploma de mestrado em escolher o equipamento certo. "Eu sei exatamente quais produtos os clientes querem e para que vão usar." Nos primeiros doze meses, criou uma loja que vendia cerca de cem produtos, todos de sua confiança, investindo cerca de 10 mil em estoque.

Graças às campanhas do Google Adwords, a loja de Walton rapidamente ganhou clientes. Tem clientes que eram do Exército e clientes que são pais de crianças autistas que precisam das câmeras para se certificar de que seus filhos não são maltratados pelas babás e, assim, a loja continua a prosperar. Não muito tempo depois de completar 1 ano de funcionamento, a demanda ficou tão alta que Allen contratou um funcionário para atendimento ao consumidor; na sequência, contratou mais dois. No ano passado, a SpyGuy faturou 1,9 milhão de dólares em receita anual, sem ter nenhum plano de desacelerar.

CONSIDERE O MERCADO BUSINESS-TO-BUSINESS (B2B)

Você não necessariamente precisa vender seus produtos para consumidores. Clientes de B2B também podem ser interessantes e permitir que você tenha um modelo de negócio bem diferente. Harry Ein, 39, fatura de 3,5 a 4 milhões de dólares por ano com a Perfection Promo, negócio que combina e-commerce com outros métodos de venda – brindes, como camisetas estampadas com o nome de uma empresa, por exemplo –, administrado diretamente de sua garagem em Walnut Creek, Califórnia. Entre seus clientes, há várias ligas profissionais de esportes. Recentemente, na ocasião de um jogo, ele forneceu dezoito mil camisetas como brinde. Ele ainda vende seus produtos para comerciantes, como uma rede de cafés de cinquenta lojas para a qual fornece lembrancinhas que ficam expostas para venda; a loja de presentes de um hotel em Las Vegas; e empresas que, por exemplo, queiram vestir seus funcionários com moletons com seu logo estampado.

O que permite que Harry faça isso é a terceirização de algumas etapas de seu trabalho, incluindo o preenchimento de pedidos, administrados pela iPROMOTEu em Wayland, no estado norte-americano de Massachusetts. Eles negociam os termos com seus fornecedores, fazem pagamentos e coletam o dinheiro de seus clientes, enquanto Harry se concentra nas vendas e no crescimento da empresa. Como sua empresa cresceu e alcançou um nível de centenas de pedidos por semana, um vendedor terceirizado o ajuda com a iPROMOTEu.

Mesmo terceirizando, em algumas ocasiões, Harry trabalha aos finais de semana. Certa vez, um cliente não conseguia localizar um carregamento de três mil camisetas para uma conferência que aconteceria em três dias, e ele teve de resolver. "Não é como se eu já tivesse trabalhado de segunda a sexta, das nove às cinco, e então decidisse não atender a um telefonema ou um e-mail." Ele não se importa em trabalhar fora do horário comercial tradicional, dada a liberdade que seu negócio traz. Harry é técnico de T-ball (um estilo de beisebol simplificado) e tem tempo de sobra para levar seu filho ao parque e para nadar. "Adoro trabalhar de casa, atender meus clientes daqui, e passar um tempo com meu filho. Não passo uma hora e meia no caminho até o trabalho. Economizando tempo, posso atender meus clientes da melhor forma possível, me envolver com as atividades do meu filho e não perder nada, enquanto crio um negócio que é muito bem-sucedido."

Não faz muito tempo, Harry chegou a uma das atividades de seu filho usando um moletom no meio do dia. Ao vê-lo, outro pai provocou: "Harry, dia agitado", insinuando que ele não estava trabalhando. Ao que ele apenas riu, porque sua vida é exatamente como ele sonhou.

"Você precisa amar o que faz. Eu acordo e não odeio o que faço. Trabalho duro, mas eu amo isso. Adoro a empolgação. Adoro os projetos."

A OPÇÃO DE FRANQUIA INDIVIDUAL

Você pode ficar surpreso em saber que é possível passar do milhão em receita com uma franquia de apenas uma pessoa, modelo de negócio conhecido por exigir a contratação de funcionários. É o que o veterano da indústria de frete, Christopher Cadigan, 42, fez com a Unishippers of Nassau County South em Nova York. Ele passou da barreira de 1 milhão de dólares com uma operação de um homem só. Tudo isso por causa de uma decisão estratégica muito importante: terceirizar o serviço de atendimento ao cliente, faturamento e cobrança para uma empresa de gerenciamento virtual em Melbourne, Flórida, para que ele pudesse dedicar atenção às remessas. "Os telefones e e-mails são respondidos exatamente da forma que seriam se essas pessoas estivessem sentadas ao meu lado", Christopher conta. Ele ficou tão impressionado com o gerenciamento virtual da empresa Right Growth Shipping que acabou virando sócio, e agora ajuda outros franqueados a administrar seus negócios da mesma forma. Enquanto isso, a Unishippers of Nassau cresceu a ponto de fazer sentido contratar ajuda; e ele agora emprega cinco vendedores.

FABRICAÇÃO

Graças às novas tecnologias, é cada vez mais possível que operações individuais fabriquem produtos para serem vendidos ao redor do mundo. Impressão 3D é uma forma de fazer parte dessa inovação, mas há outras possibilidades. Terceirizar a produção numa fábrica é outra maneira popular para negócios muito enxutos produzirem em massa. Sites como o Maker's Row, que conecta pequenos negócios às fábricas e a outros recursos de que esses negócios precisam para transformar suas ideias em produtos, tornaram mais fácil a obtenção de materiais, fabricantes e produtores sem a necessidade de pegar um avião. Ferramentas gratuitas de videoconferência permitem realizar tarefas como acompanhar um protótipo a milhares de quilômetros de distância. Essas tendências estão criando oportunidades. O US Census Bureau descobriu que havia 355.467 estabelecimentos sem funcionários envolvidos em produção em 2015, número maior que os 350.346 de 2014 – apesar das manchetes diárias sobre o declínio da produção nos Estados Unidos. Entre eles, no ano de 2015, 29.982 geraram de 100 mil a 249.999 dólares de receita, 9.840 geraram de 250 mil a 499.999 dólares, 4.530 geraram de 500 mil a 999.999 dólares de receita, e 91 passaram de 1 milhão de dólares.

"Agora, pequenas empresas podem competir e ser flexíveis sobre a maneira como aumentam ou diminuem seus negócios", afirma Alex Hood da Intuit. "A estrutura de custos que grandes negócios costumavam usar como vantagem está desmoronando."

Os produtores milionários sem funcionários com quem encontrei, frequentemente, combinam suas operações de produção direto com uma loja virtual para o consumidor. Por exemplo, Scott Paladini, um empreendedor cuja história você vai ler no próximo capítulo, contrata uma fábrica para produzir colchões que podem ser comprimidos em pequenas caixas e vendidos para consumidores que os encomendam de uma loja virtual, estruturada sem grandes custos.

Rebeca Krones, 38, e seu marido, Luis Zevallos, 44, não esperavam trabalhar com um negócio de venda de mel quando começaram suas carreiras. Rebeca, que havia estudado história da arte na Oberlin College, trabalhava como gerente de operações numa galeria de arte, enquanto Luis, que é *sous chef*, estava trabalhando num restaurante na Bay Area em San Francisco, quando eles começaram a pensar em seguir uma rota diferente, uma que proporcionaria mais controle sobre o tempo deles.

O pai de Rebeca, Michael Krones, é dono da fazenda Hawaiian Queen Co., no Havaí, onde cria abelhas-rainhas para exportação, servindo ao setor de apicultura dos Estados Unidos e do Canadá. Graças aos seus conhecimentos sobre a fazenda, Rebeca aprendeu muito sobre o mel. Segundo ela: "O mel é um subproduto natural do trabalho do meu pai". Um dia, Rebeca notou que a empresa de seu pai vendia o mel em barris de duzentos litros, sem se preocupar em maximizar o lucro.

Então, Rebeca e Luis perceberam que podiam criar uma marca de varejo centrada no mel que a fazenda da família de Rebeca produzia. Em 2005, começaram a desenvolver o marketing da Royal Hawaiian Honey e a vender o produto em um site de varejo, diretamente em lojas havaianas.

Aos poucos, encontraram o foco: mel puro e orgânico. "Há uma base crescente de consumidores de mel nos Estados Unidos que quer um mel mais próximo do que as abelhas produzem", explica Rebeca. "Esse é basicamente nosso nicho."

A Tropical Traders vende seu mel a preços elevados. Mesmo assim, o casal descobriu que a demanda é alta. Muitos consumidores que procuram mel sabem que o produto não contém agrotóxicos, um problema que pode acontecer em produtos importados da China, por exemplo.

Quando a demanda pelo mel orgânico se estabeleceu, o casal percebeu que a quantidade produzida na fazenda no Havaí não era suficiente para atender a todos os pedidos. A partir daí, o pai de

Rebeca os apresentou a uma cooperativa de apicultores que fica no Brasil. Logo, eles começaram a vender mel brasileiro sob a marca Bee Well. "É um volume bem maior de mel", afirma Krones. Ter acesso ao mel brasileiro permitiu que eles atendessem a mais fatias da demanda do mercado. "Essa estratégia foi capaz de projetar ainda mais nossa posição."

Ao terceirizar, a empresa de apenas duas pessoas foi capaz de crescer além do 1 milhão de dólares de receita. Durante o percurso, o casal se deparou com altos e baixos, em especial com relação às condições climáticas – um fator a ser levado em conta se o seu interesse está em comandar um negócio atrelado à agricultura. Em 2015, o negócio gerou 1,7 milhão de receita. Porém, no ano seguinte, a receita baixou para menos de 1 milhão quando uma seca no Brasil impediu que comprassem o volume de mel necessário. Em 2017, voltaram aos trilhos e esperavam atingir ou superar o milhão de receita. "Seguir seus sonhos nunca é um caminho em linha reta, como você pode acompanhar pelo nosso número de vendas; mesmo assim, nos sentimos totalmente comprometidos", afirma Rebeca.

Manter os custos baixos é o que permite vencer o inesperado. Em vez de comandar o próprio processo de embalagem, o casal contrata uma empresa conhecida como *copacker* para embalar o mel de acordo com rigorosos padrões de certificação para alimentos. Rebeca, que trabalhou de perto com um conselheiro local do Small Business Development Center para aumentar seu negócio, revela que arcar com a empresa de embalamento representa 16% do custo do produto vendido, um número que varia com o tamanho da remessa, mas que vale a pena.

"Se você traz funcionários e tem sua própria instalação, há um enorme custo envolvido. Buscamos uma forma de lançar o produto que pudesse maximizar a habilidade de aumentar as vendas sem correr nenhum dos riscos."

Criar a parceria no empacotamento dos produtos também permitiu que o casal atingisse outro objetivo: aproveitar mais o tempo com a família, que, àquela altura, aumentava. Eles têm dois filhos. "Nosso objetivo é poder passar o máximo de tempo possível com nossos filhos", diz Rebeca, que estava grávida de quarenta semanas do filho mais novo quando eu a entrevistei. "Terceirizar me permite trabalhar de casa e passar mais tempo com eles."

CRIAÇÃO DE CONTEÚDO INFORMATIVO

Se você desenvolveu uma expertise única num assunto que interessa a muita gente, é provável que haverá alguém disposto a pagar por isso. Organize esse conhecimento de forma que possa vender on-line – seja através de lives, vídeos, livros, e-books, seminários ou podcasts –, e você poderá se juntar à crescente série de profissionais de marketing digital que ganham dinheiro vendendo informação. É possível encontrar esses profissionais vendendo de tudo: de instruções para projetos artísticos e programas de ginástica até receitas culinárias exclusivas.

Com frequência, os fundadores começam esses negócios porque, certa vez, buscaram algo que queriam, mas não conseguiram encontrar. Sol Orwell, por exemplo, começou o Examine.com há 6 anos porque tinha um objetivo que muitos compartilhavam: queria emagrecer. Começou a pesquisar suplementos nutricionais que o ajudassem. "Há toda uma pesquisa sobre suplementação, mas não há ninguém que organize tudo em uma única fonte", disse. Satisfazendo esse interesse, percebeu que podia, a partir disso, construir um negócio próspero.

Como não era um expert em nutrição, Sol contratou especialistas em assuntos como lipidologia, doenças cardiovasculares e saúde pública como consultores freelancers para validar a pesquisa sobre vários suplementos. Ele também apostou nos melhores freelancers que encontrou em outras áreas de negócios. "O que descobri é que contratar os melhores torna sua vida cem vezes mais fácil. A designer gráfica que contratamos cobra 150 dólares a hora. Já indiquei mais de uma dúzia de pessoas para ela."

"Apesar de o valor parecer alto para uma start-up, os ganhos em tempo, clareza e qualidade mais do que se justificaram", Sol concluiu. Como muitos empreendedores com orçamento curto descobrem, profissionais especializados levam bem menos tempo para atingir um objetivo do que um novato que cobra pouco. Provavelmente, descobrem também que passam menos tempo corrigindo processos quando se trabalha com quem realmente sabe o que faz. Com frequência, são capazes de encontrar soluções para desafios que podem não estar no radar de um competidor inexperiente, pela virtude de já ter resolvido isso para clientes anteriores. Ao final, sua conta com um profissional de ponta pode acabar sendo menor do que a com um novato com quem se imagina que vai economizar dinheiro.

Há 4 anos, a Examine.com lançou seu primeiro produto: um e-book enorme, *The Supplement Goals Reference Guide* [Guia de Referência de Objetivos dos Suplementos], que reúne e sintetiza diversas pesquisas sobre suplementação. Sol vende o guia por 49 dólares em um site que ele mesmo montou e já rendeu cerca de 200 mil dólares em vendas.

Apesar de o guia de referência vender bem, quando o empreendedor pediu um *feedback* de seus clientes, recebeu o seguinte: "Adoro seu material, mas é muito denso. Não consigo ler" ou "Minha mãe não consegue ler". Retornos como esses levaram a Examine.com a criar uma série de dezesseis guias menores (os *Stack Guides*) que ofereciam informações mais básicas sobre suplementação para leigos. "Depois disso tivemos uma receita absurda", relembra Sol Orwell.

Gerar esse dinheiro o ajudou a reinvestir no negócio. "Eu pude trazer muitos fornecedores. Conseguimos montar toda uma equipe de especialistas no assunto a quem podemos recorrer sempre que precisamos de conselhos em algum assunto em particular."

Recentemente, a Examine.com lançou um novo produto: a *Research Digest*, uma newsletter quinzenal, direcionada a profissionais. Por 30 dólares ao mês, os assinantes recebem as últimas novidades sobre pesquisas na área de nutrição. Como nenhum dos produtos de Orwell é impresso, ele mantém o investimento sempre baixo.

Ainda, para promover seus produtos, Sol usa listas de e-mail construídas ao longo dos anos, o que também o ajuda a manter baixos seus gastos com marketing. "Se as pessoas estão dispostas a fornecer seus e-mails, que são preciosos, elas estão dispostas a escutar sua mensagem", ele diz.

Nick Shaw, 29, competidor de *powerlift* e *bodybuilder*, adotou uma prática similar em marketing digital com a Renaissance Periodization, uma empresa de serviços de treino e dieta para atletas e entusiastas do mundo *fitness*, que, até o final de 2015, foi um negócio de um homem só e sete dígitos, até que Nick ficou tão ocupado que recrutou sua esposa para ajudá-lo. Trabalhando de sua casa, em Charlotte, no estado norte-americano da Carolina do Norte, contratou como consultores uma equipe de mais de vinte nutricionistas especializados em dietas para ajudá-lo a desenvolver produtos de alta qualidade. "Nossa vantagem é nosso conhecimento", afirma Shaw. "Se faz tudo sozinho, você não tem muito mais a oferecer do que os outros que já fazem isso."

Nick aumentou sua receita pensando além dos serviços individuais. Com um diploma de educação física nas mãos, ele originalmente construiu sua start-up ao redor da ideia de coaching de controle de peso para atletas, começando com *bodybuilders* – um mercado que ele conhecia a partir da sua experiência com o esporte. Porém, rapidamente Nick percebeu que havia um limite do quanto ele podia fazer sozinho e com os consultores contratados. "Como você escalona uma área como 'coach de dieta'?", ele se perguntava. Pai de dois, não queria passar todas as horas do dia trabalhando para aumentar a renda.

Por fim, Nick encontrou uma resposta. Ao lado do consultor de fisiologia de exercício, Mike Israetel, um professor-assistente de instrução em cinesiologia na Temple University, que o ajudou a fundar o negócio, ele desenvolveu dietas preestabelecidas que permitiam que os clientes acessassem seus conselhos sem trabalhar individualmente com ele. As dietas podem ser customizadas de acordo com o gênero, o peso e os objetivos de cada pessoa. Os clientes pedem as dietas através do site. O plano mais popular, que oferece três meses de aconselhamento, sai por 575 dólares, e os clientes que adicionam o treino físico ao plano pagam 750. O treino e a assessoria são feitos por e-mail ou por mídias sociais.

Como Sol Orwell, Nick Shaw não confiou em um só produto para alavancar seu negócio. Os modelos de dieta, agora seus produtos mais vendidos, são feitos para ajudar a perder ou a ganhar peso num curto tempo. Eles giram em torno de 100 dólares, a depender do plano. "Trabalhando com modelos, o crescimento é ilimitado", comenta o empreendedor. "Os modelos alcançam dezenas de pessoas." Nick Shaw também vende e-books por cerca de 30 dólares cada.

Quando a Renaissance Periodization decolou, tornou-se difícil para Nick continuar a enviar os produtos sozinho, então ele teve de encontrar maneiras de cuidar de sua operação de modo mais eficiente: começou a apostar no Infusionsoft, um software de gerenciamento de relacionamento com o consumidor e *mailings*. "Pudemos automatizar tudo em nosso site", diz ele. "Isso fez a diferença entre ser capaz de servir a várias centenas de clientes e trabalhar com dezenas de milhares no mundo todo."

Não tem certeza sobre qual tipo de informação você é especialista para vender? Se tem uma paixão quase obsessiva por algo específico, você está pronto para construir um negócio baseado nisso. Ainda se questiona sobre qual tipo de informação de fato vende? Comece acompanhando as ofertas no ClickBank, uma loja virtual que vende milhares de produtos digitais, assim você terá uma ideia do tipo de conteúdo que tem saída. Também verifique as listas de best-sellers nas livrarias virtuais e nos blogs mais acessados de seu nicho (eles vão aparecer no topo numa busca on-line) para ter ideias do que as pessoas com gostos similares procuram. Então descubra uma forma de acrescentar algo novo à discussão.

Daniel Faggella, brasileiro de 29 anos, é lutador de jiu-jitsu, faixa preta e experimentou formas de ganhar dinheiro com sua paixão por artes marciais até que descobriu uma forma lucrativa o bastante para ter lucro de sete dígitos, e a vendeu por mais de 1 milhão. "O negócio trouxe 210 mil dólares um mês antes de ser comprado", ele conta. O site de e-commerce com foco em assinaturas que Daniel criou, o Science of Skill, vende cursos e produtos *fitness* e de autodefesa para estudantes ao redor do mundo.

Daniel não se imaginava sendo um empreendedor da internet. Na faculdade, estudou ciências cognitivas. "Esse é um assunto pelo qual sou muito apaixonado. Mas não posso ganhar a vida com isso, como se eu estivesse num período sabático e tivesse um tio rico."

Daniel faturou o bastante para poder pagar a faculdade gerenciando uma academia de artes marciais que ele comprou quando tinha seus vinte e poucos anos, e a vendeu aos 25, quando decidiu migrar para o e-commerce. Ele era apaixonado por lutas e competições e, apesar de a academia ser lucrativa, não era fácil aumentar seus lucros. "Numa academia de artes marciais, como a que eu tinha, é muito, muito difícil conseguir 1 milhão de dólares de receita sem contratar funcionários. Eu precisaria de muita gente na recepção, de vários instrutores."

Depois de ler o livro *Scaling Up: Escalando seu negócio*, de Verne Harnish (com o qual, por coincidência, colaborei), Daniel Faggella mudou de rumo e focou em lançar um negócio de maior expansão, que não dependesse de locação, e que pudesse gerar dinheiro suficiente para financiar um terceiro negócio, no qual ele pudesse trabalhar com ciências cognitivas. Inicialmente, com o Science of Skill, Daniel começou a vender cursos de artes marciais. Isso parecia uma atividade natural. Daniel Faggella, que é peso leve, atingiu certo renome na área das artes marciais devido a uma luta em que derrotou um competidor bem maior que ele. Daniel descobriu que outros acharam seu sucesso inspirador – e instrutivo. "Várias das minhas lutas contra caras maiores terminaram sendo muito interessantes para as pessoas que as acompanhavam pela internet", ele diz. O fluxo do site teve crescimento constante enquanto aumentavam os aficionados por artes marciais.

Ainda assim, Daniel logo percebeu que havia limites para sua ideia. Havia um número limitado de vídeos que ele poderia oferecer até que seu material acabasse. A partir daí, começou a buscar outros especialistas em artes marciais que compartilhassem vídeos de suas próprias técnicas de luta em canais do YouTube e em grupos do Facebook, mas que não necessariamente ganhassem dinheiro com isso para contribuírem com conteúdo. Segundo Daniel, "apesar de muitos profissionais das artes marciais darem aulas particulares, a maioria deles ainda mora com a mãe. E eu costumava ser um deles".

Com isso em mente, desenvolveu parcerias com mais de uma dúzia de instrutores, nos Estados Unidos e em países como a Noruega e a Suécia, que desenvolveram cursos on-line, todos comercializados em seu site. Os parceiros ficaram felizes em ter mais exposição do que tinham em seus próprios sites e páginas nas mídias sociais.

Além da exposição por meio da plataforma do Science of Skill, Faggella pagou o dobro do que seus instrutores cobravam por aula particular, a cada vídeo postado. Assim, por exemplo, um professor de artes marciais que cobrava 100 dólares a hora recebeu 200 por uma hora de vídeo.

Porém, até vender uma grande variedade de conteúdo sobre artes marciais tem suas limitações. O que permitiu que Faggella saltasse dos seis aos sete dígitos de receita foi alcançar um público ainda maior. "O crescimento verdadeiro chegou para nós quando abandonamos o mundo das artes marciais ou do jiu-jitsu brasileiro, que representam uma parcela bem pequena da internet", admite Faggella. "De lá para cá, expandimos para um mercado muito mais amplo de autodefesa e de autoconfiança – pessoas interessadas em se prevenir de assaltos, em ter treinos de tiro ou em aprender técnicas básicas de defesa pessoal."

Quando Daniel vendeu seu negócio, ele gerava receita proveniente de uma gama diversificada de produtos. Um dos mais procurados era o curso de defesa pessoal e o de técnicas de artes marciais. A eles, acrescentou uma variedade de equipamentos de defesa pessoal, como facas, e programas em DVD. Sua empresa aumentou para os sete dígitos ao apostar na ajuda de quatro fornecedores locais com tarefas como *copywriting* e suporte on-line.

Além disso, o Science of Skill permitiu que Daniel Faggella se dedicasse a outra paixão. Ao mesmo tempo, ele comandava outro negócio, o Tech Emergence, uma empresa voltada para a pesquisa de mídia e de mercado em San Francisco, com foco em inteligência artificial. "Eu nunca quis fazer coisas em que eu não tivesse interesse." Agora, com o dinheiro que ganhou com a venda do Science of Skill, Daniel vai ter a oportunidade de mergulhar fundo na inteligência artificial.

SERVIÇOS PROFISSIONAIS

Aumentar a receita de um negócio que presta serviços – seja um escritório de advocacia, de design gráfico ou uma agência de marketing – é realmente difícil. A renda de profissionais envolvidos nessa área é, em geral, limitada por quantas horas eles podem cumprir. Mas há exceções. Donos de serviços profissionais individuais que querem passar do milhão de receita, geralmente o fazem de duas formas: (1) através do uso criativo da automação, terceirização e ajuda de outros fornecedores independentes; ou (2) cobrando preços mais altos do que seus concorrentes.

Vamos dar uma olhada no primeiro método. Quando Pamela Grossman sofreu um ataque de pânico a caminho de seu trabalho numa agência de publicidade, há quase duas décadas, a produtora multimídia que vive em Atlanta logo descobriu que estava sofrendo de um caso grave de síndrome do pânico. Mesmo depois de anos de tratamento para aprender a lidar com sua condição, sair de casa passou a ser uma tarefa difícil. Pamela poderia ter seguido a vida dessa forma limitada, mas estava determinada a se reinventar e o fez começando seu próprio negócio: In The Present, um estúdio-butique de marketing e produção. "Adoro trabalhar", contou. "E não posso *não* trabalhar."

In The Present cria o design de logos, desenvolve o posicionamento de marcas, traça estratégias de marketing e promocionais, gerencia as mídias sociais e faz a produção de vídeos. Com o objetivo de manter grandes projetos, como os que coordenava em sua carreira corporativa, Pamela construiu uma rede de fornecedores ao redor do mundo, pagando valores atrativos para os melhores talentos disponíveis. Ela usa ferramentas como o WhatsApp, a ferramenta de design Figma, GoToMeeting e Skype para trabalhar de forma colaborativa com seu grupo de talentos e clientes, e ganhou grande destaque por contar com o apoio de profissionais freelancers em diferentes fusos horários, trabalhando 24 horas por dia, possibilitando rápidos e eficientes retornos a seus vários clientes. Enquanto isso, um cão treinado – um labradoodle (mistura de labrador e poodle) chamado Milo – a ajudou a fazer um progresso enorme em administrar sua condição mental. O negócio individual comandado por Pamela Grossman gera mais de 2 milhões de dólares por ano.

Alguns empreendedores alavancam empresas de serviços, como consultorias, aumentando suas taxas por hora ou suas comissões conforme constroem registros de sucesso. Outra forma de fazê-lo é juntar um pacote de prestação de serviços ou um programa de treinamento com preços *premium* e vendê-los a interessados que possam pagar. Esse enfoque pode funcionar em conjunto com outros, como construir uma rede de fornecedores confiáveis.

COMO AUMENTAR SEUS PREÇOS DE PRESTAÇÃO DE SERVIÇOS
É preciso coragem para subir seus preços, mas, com frequência, essa é a única forma de aumentar a receita num negócio de serviços. Felizmente, é possível fazer isso sem perder clientes, como muitos empreendedores descobriram. Na sequência, explicamos como.

Descubra onde você está lucrando Quando você começa um negócio, pode valer a pena aceitar clientes que não são muito rentáveis para ter algum fluxo de caixa e ganhar tração. Aceitar um cliente conhecido, que você possa mencionar em sua campanha de divulgação, ou um cliente influente que pode indicá-lo para novos trabalhos, mesmo que cobre um pouco menos do que você gostaria, pode ajudá-lo a se estabelecer.

Mas depois que você está no negócio há um tempo, não faz sentido continuar trabalhando para clientes que não dão lucro. Você não vai gerar dinheiro o suficiente para cobrir suas despesas ou reinvestir no negócio dessa forma. Calculando o dinheiro de cada cliente a cada trimestre, estudando a relação de tempo e dinheiro investido para completar cada projeto, você será capaz de determinar se está só pagando as contas ou tendo lucro de verdade. Se você não estiver tendo lucros, é melhor aumentar os preços e substituir o cliente que paga pouco por outro mais rentável.

Tenha uma noção dos valores do mercado Em negócios com foco em produtos, é fácil descobrir quais preços são praticados porque seus competidores devem anunciar on-line ou publicar em seus sites. Num negócio baseado em prestação de serviços, você provavelmente precisará adotar um enfoque diferente. Fazer parte de uma organização que ofereça dados do mercado sobre o quanto profissionais independentes na sua área cobram pode ser um bom investimento. No meu próprio negócio, gastar 200 dólares por ano para pertencer a esse grupo valeu a pena muitas vezes. Se você não consegue encontrar uma comunidade como essa, conversar com a concorrência, localizada na mesma cidade ou região que você, pode ser outra forma de descobrir quais são os valores praticados para um serviço específico. A maioria cobra mais do que você? Provavelmente é hora de considerar aumentar seu preço.

Calcule o retorno no investimento de seu cliente Os clientes provavelmente não vão se importar de pagar mais se você fizer um bom trabalho e puder mostrar a eles como sua contratação vale a pena. Busque formas objetivas de quantificar os ganhos financeiros que você trouxe para o cliente antes de ir até eles com um aumento de preço. Por exemplo, se você treinou a equipe de vendas de um cliente por seis meses e agora essas vendas triplicaram, é fácil justificar um aumento em seu pagamento.

O valor que você fornece não necessariamente precisa se traduzir em dinheiro. Por exemplo, se você é um coach focado em desenvolver a habilidade de falar em público e, como resultado de seu trabalho, seu cliente foi chamado para palestrar em lugares melhores ou para falar com mais frequência, isso também tem um valor, ainda que o cliente não esteja sendo pago para falar.

Considere como você vai aumentar seus valores A melhor forma de aumentar valores é cobrar mais pelo mesmo serviço. Mas essa tática não é a única. Alguns empresários repaginam seus serviços para que, por exemplo, os clientes não possam mais obter certo serviço numa base à la carte e precisem comprar um pacote que aumenta os valores praticados. Para mais ideias como essa, pesquise como os concorrentes de seu nicho vendem seus serviços.

Examine o terreno Antes de subir os preços para todos, teste subir o valor de um de seus clientes mais amistosos ou passe a aumentar apenas o valor cobrado de novos clientes. Se você for rechaçado, talvez precise refinar sua prática. Pode ser que os clientes e *prospects* estejam dispostos a pagar mais, mas não tanto quanto você estiver pedindo. Considere antes como vai lidar com essa possibilidade. Ainda que não queira trabalhar com perda financeira, você também não quer afastar todos os seus clientes subindo os preços muito depressa. Pode ser que, daqui a seis meses, o valor de seu serviço se torne mais claro, deixando mais fácil o aumento de preços, sem resistência por parte dos clientes. Ter diversidade de clientes, em vez de concentrar os negócios em apenas um ou dois indivíduos, também o protege contra a possibilidade de uma grande conta secar de repente se você decidir aumentar os valores.

Garanta que você será pago Independentemente do quanto você cobra, não manterá seu negócio se não receber por seus serviços. Torne o envio de notas parte de sua rotina diária e cobre os clientes que não pagarem dentro do prazo estipulado. Perguntar sobre depósitos durante os projetos faz parte da rotina de muitas empresas de prestação de serviços, então não tenha medo de perguntar sobre isso aos clientes. Algumas associações comerciais podem fornecer modelos de contrato. Se possíveis clientes recusarem seus termos ou a assinatura de contratos, pergunte a si mesmo qual é a probabilidade de tais clientes pagarem corretamente pelo serviço prestado depois.

Em áreas em que adiantamentos e pagamentos antecipados não são comuns, não trabalhe mais para o cliente até receber um pagamento que ficou em aberto. Não há nada de errado em dizer para um cliente que atrasa pagamentos, mas que ainda quer contratar mais serviços seus: "Sou uma empresa individual e não posso financiar projetos para meus clientes. Seria possível efetuar o depósito referente à minha última nota emitida antes de partirmos para a próxima?". Clientes razoáveis vão entender isso. Se um cliente não puder pagar os mil dólares devidos agora, é pouco provável que vá poder pagar dez vezes mais no futuro. E uma das tarefas mais desagradáveis do empresário individual é ter de ir atrás de um cliente que deu o calote.

SERVIÇOS PARA PESSOAS FÍSICAS

Seja oferecendo passeios para cachorros ou atuando como coach nutricional, empresas de prestação de serviços para pessoas físicas têm as mesmas limitações que empresas de prestação de serviços para outras empresas. Quando você oferece serviços para pessoas, o tempo é a mercadoria que você vende. Mas isso não significa que não possa impulsionar sua receita se pensar de forma criativa.

Joey Healy, 29, é um belo exemplo. O empreendedor de Nova York tem um negócio de design de sobrancelhas chamado Joey Healy Eyebrow Studio. Ele começou seu negócio atendendo a domicílio mulheres ricas de Manhattan para fazer as sobrancelhas delas. Enquanto seus clientes têm recursos para pagá-lo bem – atrizes como Kyra Sedgwick já passaram por seu atendimento –, havia um limite de preço que ele poderia cobrar, e seu modelo de negócio construído em deslocar-se até os clientes não era particularmente eficiente. Logo Healy se viu trabalhando muitas horas, ao tentar aumentar os negócios. "Meu dia começava às nove horas da manhã e terminava às nove da noite na Park Avenue", ele me contou quando conversamos pela primeira vez; à época, estava com 27 anos.

Healy eventualmente decidiu abrir um estúdio particular, onde cobra 115 dólares pelo trabalho com as sobrancelhas; agora, os clientes vêm até ele. Isso fez diferença, mas sua grande sacada veio quando ele negociou uma participação nos lucros com uma rede de SPA com quatro unidades em Nova York. Na oportunidade, treinou os *stylists* que já trabalhavam para a rede com sua metodologia. Com o dinheiro da participação na rede de SPAs e da venda de sua própria linha de maquiagem para sobrancelhas – feita com um fornecedor terceirizado –, Healy passou do 1 milhão ao ano sem contratar nenhum funcionário.

Joey Healy representa como escalonar um negócio muito enxuto de sete dígitos pode trazer oportunidades inesperadas. Decerto, ele poderia ter mantido suas operações pequenas, como muitos freelancers no ramo de beleza e moda, simplesmente limitando seu número de clientes. Porém, pouco depois de passar do 1 milhão, ele tomou a decisão de fazer crescer seu negócio, que começou a decolar. Joey contratou um assistente para executar tarefas como preencher pedidos feitos na internet e por atacado, criar newsletters de venda e cuidar de sua agenda. Na sequência, mudou seu estúdio para um lugar bem maior, de 92 metros quadrados, no térreo de uma área nobre na University Place em Manhattan, onde ele atende desde o final de 2015. "Foi o momento de crescer ou cair fora", ele afirma. Seu aluguel estava seis vezes mais caro do que no ponto anterior. Para aproveitar ao máximo seu investimento, expandiu sua atual equipe e incluiu cinco outras pessoas, um processo que não aconteceu sem alguns percalços. "Muitas pessoas vieram e se foram até eu ter a equipe ideal", contou.

Apesar do aumento de custos, Joey afirmou que seu negócio sempre permaneceu lucrativo. "O ramo do design de sobrancelhas é uma máquina de fazer dinheiro, e fico feliz de ter alavancado meu negócio para que tenha potencial de aumentar ainda mais. Inclusive, como mantenho 100% de nossos negócios, agora tenho um modelo para atrair investidores que podem replicar nossa operação." Ele também está aliviado por não ter mais que se preocupar com situações como quebrar o pulso ao esquiar e ficar incapacitado de atender aos clientes, por exemplo. "Agora, tenho um espaço aberto sete dias por semana, com uma equipe diversa, que faz o serviço e cuida da administração, e posso, por fim, fazer um intervalo, sabendo que minha operação, que outrora foi pequena, tem vida própria e um futuro à sua frente."

Há muitos outros tipos de prestação de serviços para empreendedores individuais que estão alavancando. Por exemplo, desde 1997, Debra Cohen, 49, tem comandado o que se tornou um negócio de 1 milhão de dólares de sua própria casa em Hewlett, Nova York, que ajuda consumidores a encontrar fornecedores confiáveis para a reforma de suas casas. Os clientes podem usar gratuitamente seu Homeowner Referral Network, mas os fornecedores pagam uma comissão pelos trabalhos feitos intermediados pela plataforma. Apesar de sua rede não possuir funcionários contratados, ela recebe todo o trabalho de que precisa contratando fornecedores, como um assistente, um webmaster e um profissional de TI. "É provavelmente onde economizo mais", ela aponta.

Como Nick Shaw descobriu, até mesmo um negócio *fitness* comandado por uma só pessoa pode aumentar seus rendimentos. Mas sua forma de alavancar o negócio – por meio da venda de conteúdo – não é a única. Dan Mezheritsky, por exemplo, que conhecemos no capítulo 1, teve um enfoque bem diferente para encontrar sua franquia de *personal training* em casa, a Fitness on the Go, localizada em Vancouver, no Canadá. Ele se apoia em fornecedores terceirizados para fazer o treino.

Atuando como decatleta campeão nacional júnior no Canadá, Dan Mezheritsky partiu seu tendão aos 20 anos de idade, após competir nos treinos das Olimpíadas canadenses. "Passar por muita reabilitação me fez aprender bastante sobre o corpo. Mas após uma lesão como essa, não era mais possível competir." Dan decidiu então se tornar um personal trainer, mas queria conquistar mais do que poderia como operador solo.

Em 2005, ele começou o Fitness on the Go, contratando outros personal trainers como funcionários tradicionais. Nos primeiros 3 anos, vendeu 1,5 milhão em treinamento.

Mas trabalhar com os funcionários era frustrante. Ele não os achava particularmente motivados a ajudá-lo a aumentar o negócio. "Eles criavam um ótimo relacionamento com o cliente, o que levava a acordos paralelos. Se o treinador recebia 20 dólares e o cliente pagava 60, eles fechavam em 40, tiravam a Fitness on the Go da equação, e trabalhavam sozinhos."

Outros não tinham atitudes muito profissionais de outras formas. Certa vez, para citar apenas um caso, um treinador pediu para usar o banheiro na casa de um cliente e o usou para tomar banho. Dan ficou tão frustrado que quase desistiu. Mas, antes, ele se perguntou por qual motivo deveria prender-se a um modelo de negócios que depende da contratação de funcionários. Ele notou que o mercado imobiliário operava com sucesso e com um enfoque diferente –uma empresa-fonte licenciava comissões para proprietários independentes.

A partir daí, Dan decidiu começar de novo, usando um modelo de franquia/licenciamento. Começou licenciando o direito da marca da empresa para treinadores individuais. Eles gostavam de fazer parte de uma marca que cuidava de responsabilidades como anúncios e mídias sociais e havia construído relacionamentos fortes com escolas de *personal training* e instituições certificadoras integrantes dessa indústria. Os treinadores também gostavam que a empresa de Dan era conhecida por entregar experiências consistentes de que seus fãs realmente gostavam – um valor que, mesmo num negócio relativamente recente, ele foi capaz de fazer com eficácia. Segundo ele, "muitos personal trainers adorariam ser empreendedores". Dessa forma, a empresa estabelece os preços e os instrutores recebem cerca de 91% da mensalidade de seus clientes. Na sequência, eles pagam à Fitness on the Go 400 dólares por mês, pela qual recebem serviços, incluindo ajuda no gerenciamento do negócio, educação contínua e apoio de infraestrutura informatizada. O negócio tem trinta parceiros de franquia no Canadá, que recrutam e administram treinadores na sua área.

O modelo de Dan Mezheritsky funciona. O negócio cresceu e mantém cerca de 180 personal trainers no Canadá, além de passar dos 4 milhões em receita ao todo. Sua sede, onde Dan ainda é o único funcionário, gera mais de 1 milhão, com cerca de 25% de lucro. Em seguida, ele deseja expandir os negócios para os Estados Unidos.

O segredo de Dan para escalonar seu negócio sem funcionários formais é um software customizado que automatiza muitas funções. O software, que custa a ele cerca de 25 mil dólares para continuar funcionando, permite que os clientes entrem no sistema de computação da empresa e acessem o dever de casa, entre outras funções. Porém, mais importante, segundo ele, é o fato de ser uma plataforma de educação para treinadores, um sistema de administração de relacionamento com o cliente que permite que eles mantenham contato, um sistema de pagamento e um programa de recompensas, simplificando muitos aspectos de negócios para instrutores. O sistema, no qual Dan investiu aos poucos cerca de 250 mil dólares, é tão importante para o negócio que ele paga a um desenvolvedor mil dólares ao mês para editá-lo. "Nós o licenciamos para outras empresas. Assim que eles o veem, querem."

Ao observar sua jornada profissional, Dan Mezheritsky percebeu que, sob o modelo tradicional de contratação de funcionários, ter lucro significa criar um "estilo de vida negativo" para seus colaboradores. Ele não poderia pagar um salário atrativo ou motivá-los com o sucesso da empresa. "Talvez o maior instrutor estivesse faturando 75 mil dólares ao ano", ele diz. Como resultado, os funcionários apareceriam apenas para pegar o cheque de pagamento.

Em seu novo modelo, seus interesses e os de seus instrutores estão alinhados. Como Dan recebe o valor das taxas de seus instrutores, é altamente incentivado a ajudá-los a obter sucesso e a mantê-los como parte da marca. E os funcionários, por sua vez, são motivados a aumentar o negócio, já que eles mesmos fazem mais dinheiro quando a empresa fatura.

"Não apenas atraímos pessoas que, como empregador, eu nunca poderia ter atraído, como eles nos pagam 400 dólares por mês para fornecer esses serviços. Assim, faturam cerca de 60 mil dólares. E o clima, em geral, é melhor para todos. Todo mundo está aqui porque de fato quer estar. Esse é um bom objetivo para focar num negócio de serviço pessoal, em que você e sua equipe precisam estar satisfeitos para manter os clientes felizes."

O PODER DE SUA MARCA A realidade de um negócio de apenas uma pessoa é que você não desenvolverá uma marca com o mesmo reconhecimento de uma empresa multinacional. Isso demanda milhões em anúncio e marketing.

Mesmo assim, construir uma marca ao redor do que você vende vai ajudar a atrair e a manter clientes, o que tornará seu negócio inesquecível. Isso é especialmente importante para negócios como lojas on-line, que precisam se distinguir de grandes nomes, melhores em competir por preços. Uma forma que o casal Camille e Ben Arneberg usou para aumentar a Willow & Everett, por exemplo, foi construir uma marca forte como curadora de itens exclusivos para aqueles que querem receber visitas em casa.

Fatores como o nome da empresa, o visual e a sensação que seu logo e site transmitem, as fontes usadas, tudo contribui com a marca, bem como a mídia em que você escolhe se comunicar.

Mas criar uma marca vai além de criar uma imagem. Por trás de qualquer marca de sucesso está o valor que ela traz a seus consumidores e a consistência com a qual ela entrega esse valor. A marca também reflete os valores da empresa – inovação, retorno à comunidade, serviço de primeira, tudo o que importa para você.

Ao criar sua marca, não tente esconder o fato de que está gerenciando um negócio bem pequeno. Muitas empresas gostam de fazer negócio com uma empresa gerida por uma pessoa identificável, a quem eles podem contatar diretamente ou que responda pessoalmente aos comentários postados no site. Faz parte do "charme" da marca.

Conforme você desenvolve seu negócio, terá muitas oportunidades para experimentar e refinar sua marca, divulgá-la. O blog e os livros do guru de marketing Seth Godin são grandes fontes de aprendizados, assim como os livros de David Meerman, como o *The New Rules of Marketing and* PR [As Novas Regras do Marketing e de Relações Públicas]. As ideias desses autores podem ajudar, não importa o tamanho do seu negócio.

IMOBILIÁRIAS

Se você prefere investir num empreendedorismo mais "tradicional", comprar imóveis pode ser a rota ideal para construir um negócio individual de alta rentabilidade. Muitos que começam negócios individuais como investidores imobiliários trabalham em outras profissões durante o horário comercial, o que gera renda para ser investida em propriedades. Em 2015, o mercado imobiliário de compra e de aluguel contava com 2,6 milhões de empresas sem funcionários. Entre elas, 701.790 geravam renda de 100 mil a 999.999 dólares, e 2.555 faturavam de 1 milhão a 2,49 milhões de dólares ao ano.

O consultor financeiro Cory Binsfield é um exemplo de atuação nesse modelo de negócio. Depois da faculdade, trabalhando em San Francisco, Binsfield teve uma epifania ao atravessar a ponte Golden Gate, trajeto de ida ao trabalho: "Era o meio da tarde. O trânsito estava tão intenso que eu mal me movia. Pensei: 'O que estou fazendo aqui? O lugar é lindo, mas estou preso no trânsito'".

Cory nunca imaginou voltar para sua cidade natal, Duluth, em Minnesota, uma cidade com cerca de 85 mil habitantes, localizada às margens do Lago Superior, próxima à fronteira com o Canadá. Comparada a San Francisco, uma cidade pequena.

Naquele momento, livrar-se da multidão da cidade grande parecia o mais urgente. Um dia após aquele episódio no trânsito, ele telefonou para seu pai para avisar da sua volta para Duluth – uma decisão que, sem saber, permitiria que ele construísse uma microempresa milionária.

Enquanto estabelecia seu negócio de consultoria financeira em Duluth, Binsfield notou um fenômeno que possibilitaria que ele multiplicasse sua renda exponencialmente. Entre seus clientes autônomos, descobriu que aqueles que estavam em uma boa posição para se aposentar tinham, com frequência, algo em comum: renda proveniente de aluguéis.

"Aqueles que tinham um prédio ou propriedades diziam: 'Ei, estou me mudando para a Flórida'." Assim, ele percebeu outro aspecto: aqueles que planejavam vender seus produtos, mas não dispunham de propriedades, descobriam, muitas vezes, que seus planos não dariam certo por questões de saúde, divórcio e outros eventos inesperados.

Espantado com o baixo preço dos imóveis em Duluth, se comparado aos valores praticados na Califórnia, Binsfield decidiu investir na área. Ele sempre gostou de prédios antigos, com aquela atmosfera *vintage*. "Mesmo quando eu estava completamente quebrado, trabalhando em San Francisco, eu costumava apenas caminhar pela vizinhança e admirar a arquitetura. Sempre foi uma paixão." Em determinada época, gastou dinheiro com livros sobre o mercado imobiliário e se matriculou em cursos que enfatizavam a mentalidade de "fique rico rápido". Porém, ele aos poucos percebeu que não era assim que o investimento em imóveis funcionava. "É mais na linha de 'fique rico devagar'", ele brinca.

Aos 33 anos, comprou sua primeira propriedade, 4 anos depois de voltar a sua terra natal. "Se esses caras conseguem, eu também consigo", ele disse a si mesmo. Naquele primeiro negócio fechado e em outros ainda por vir, Cory seguiu o conselho de um fazendeiro bem-sucedido que conheceu na Califórnia: a dica era, essencialmente, preparar sua casa. "Sempre faça dinheiro enquanto estiver vivendo em sua casa", o fazendeiro disse a ele. Cory Binsfield comprou um triplex e se mudou para um dos andares. "Por algum motivo, adoro cuidar de propriedades", revela. Agora, ninguém mais grita com ele se a bolsa cai, como costumavam fazer quando mantinha o negócio de consultoria financeira.

Hoje, aos 52 anos de idade, Dan Binsfield possui 116 imóveis. De dúplex a prédios, ele fatura mais de 1 milhão anualmente. Quando precisa de ajuda com a papelada, confia no assistente administrativo contratado para fazer o aconselhamento financeiro.

Você provavelmente deve estar se perguntando como Cory Binsfield conseguiu comprar o total de 116 imóveis. A resposta é trabalhar pacientemente em direção a seu objetivo. No início, não dispunha de muito dinheiro para investir. "Me mudei para Duluth quebrado, depois de morar em San Francisco", ele se lembra. À época, quando calculou seu patrimônio, somava 45 mil dólares negativos, comenta, rindo. E sua empresa de consultoria financeira crescia muito lentamente. "Eu tinha sorte se fizesse 50 mil num ano." Apesar de ter um bom crédito, descobriu que os bancos temiam fazer empréstimos porque ele era autônomo. Para comprar sua primeira propriedade, negociou o financiamento de um comprador. Em seguida, Cory construiu o suficiente para formar um bom registro e fazer empréstimos com outros bancos.

Para reduzir os riscos de comprar uma propriedade encalhada, ele investia nas regiões que conhecia. "O que descobri era que se eu escolhesse uma região na cidade que fosse desejável e estivesse a uma distância fácil do trabalho, com muitas atividades disponíveis, em termos de restaurantes e shoppings, atrairia muitos millennials e alunos das faculdades. Foquei especialmente nas áreas perto de universidades que não tivessem mensalidades muito altas." Em áreas que Cory não conhecia muito bem, costumava estacionar o carro e caminhar pelas ruas; outras vezes, andava de skate no entorno, em busca de oportunidades.

Durante toda sua trajetória, ele usou a regra do "1%" para tomar decisões. Descobriu que, para um investimento imobiliário funcionar financeiramente, os aluguéis precisam ser iguais a pelo menos 1% do preço de compra da propriedade. Por exemplo, se a propriedade custa a ele 100 mil dólares, os aluguéis mensais precisariam ser de mil dólares.

Estabelecer objetivos claros – como o plano de comprar dez dúplex ao longo de uma década, objetivo que ele atingiu em 5 anos –, mantinha Binsfield ocupado. "Depois daquilo, eu pensei, 'e agora?', 'Até que é divertido. Vou continuar a fazer'." Durante 8 anos, após investir e reinvestir constantemente em imóveis, ele atingiria 1 milhão de renda e 1 milhão em receita anual; foi o que tinha pensado há 2 anos. Hoje, a estimativa é de que seu patrimônio valha 2,5 milhões de dólares.

Permanecer em sua região foi outra chave para o sucesso de Cory Binsfield. Esse fato permitiu que ele administrasse suas propriedades enquanto cuidava de outros negócios. Era possível correr na hora do almoço e fazer uma apresentação se suas propriedades estivessem em sua zona de alcance. "Todos os meus prédios ficam a cerca de dois quilômetros entre meu trabalho e minha casa." Assim, descobriu que levava cerca de uma hora por mês para administrar dez unidades. Percebendo como era baixo o comprometimento de tempo, sentiu-se encorajado a comprar mais propriedades. "Pensei que se eu pudesse administrar dez unidades durante uma hora por mês, chegaríamos a cem unidades."

Outro movimento inteligente foi terceirizar a administração da propriedade. Cory Binsfield cuidou dos reparos elétricos por um tempo, mas, sem ter talento para a função, encontrou um profissional confiável para cuidar do trabalho. Investir num software de administração de propriedades tornou mais fácil preencher pedidos de locatários e enviá-los a um fornecedor. "Sou como o maestro de uma orquestra", ele compara.

Tornar-se um proprietário de imóveis abriu a possibilidade de explorar novas frentes. Além de suas ocupações, Cory Binsfield mantém um blog e um podcast sobre compra e aluguel de imóveis na página Ten to Million (tentomillion.com). Seu conselho para quem deseja gerar uma renda como a sua no mercado imobiliário? Permaneça pequeno.

"Qualquer um pode comprar propriedades", ele afirma. "Quando você compra a primeira, 2 ou 3 anos depois você compra a segunda." Você pode não terminar com 116 imóveis como ele, mas, se comprar no mercado certo, terá um retorno digno.

IDENTIFIQUE ONDE SUA PAIXÃO ENCONTRA A DEMANDA DE MERCADO

Mesmo que você decida investir em um negócio que o interessa e em que você tenha segurança de que domina o assunto, esses fatores não vão garantir que você tenha uma empresa bem-sucedida. Também é preciso que haja mercado para o seu produto.

Rich, 31, e Vicky Fulop, 32, perceberam isso bem no começo. O casal administra a Brooklinen, start-up localizada no Brooklyn, em Nova York, que vende roupas de cama de luxo on-line. Após virem, durante uma viagem, um conjunto de lençóis que eles adoraram, e descobrir o preço exorbitante de 800 dólares cobrados no varejo, ambos acreditaram ter ali uma oportunidade no mercado. Eles venderiam roupas de cama de alta qualidade, com estilo clean e minimalista, comercializados por uma loja on-line, por um preço bem mais barato do que jogos de cama similares.

Para isso, só havia um grande obstáculo: nenhum dos dois tinha experiência no negócio de vendas de roupas de cama. Quando o casal, juntos desde 2010, começou a Brooklinen, Rich era estudante de MBA na Stern School of Business da Universidade de Nova York, e Vicky era executiva de contabilidade em uma agência de relações públicas também em Nova York. Isso significava que eles tinham que descobrir como criar e fabricar do zero os tais lençóis, lendo livros e fazendo muita pesquisa de campo. "Ensinamos a nós mesmos sobre a indústria", conta Rich.

Eles aprenderam, por exemplo, que um dos motivos pelos quais lençóis de alto padrão são tão caros é porque há muitos intermediários envolvidos na confecção. Ao criar um modelo de negócio em que eles mesmos faziam os lençóis e os vendiam aos clientes pela internet, perceberam que podiam manter os custos mais baixos.

Considerando a reação deles próprios com os lençóis de 800 dólares, o casal sabia que o preço determinado poderia levantar ou destruir o empreendimento. Eles suspeitavam que muitos clientes que estivessem montando seu primeiro enxoval estariam dispostos a pagar um preço acima do mínimo por um produto de luxo que oferecia mais qualidade. Ainda assim, o casal não sabia qual seria o preço ideal. "Quando tivemos a ideia, nós éramos esses jovens consumidores, com seus vinte e poucos anos, recém-casados, morando juntos pela primeira vez e construindo nossa própria casa", conta Vicky. "Rich estava estudando administração e só eu trabalhava, então definitivamente não podíamos pagar 800 dólares por lençóis que adorávamos, mas, ainda assim, queríamos ter bons lençóis! Sentíamos que havia gente como nós, e quando descobrimos que podíamos trazer o que eles queriam para o mercado – lençóis de alto padrão a um preço acessível –, nós tivemos a sensação de que havíamos encontrado algo ali."

Em vez de adivinhar qual deveria ser o preço da mercadoria, eles passaram direto para o público-alvo – um método de pesquisa de mercado que não custou nada além de tempo. O casal pesquisou quinhentas pessoas que compravam em grandes redes de lojas para descobrir quanto elas estavam dispostas a pagar por um conjunto de lençóis de alta qualidade. Criaram um questionário simples com perguntas sobre os hábitos de consumo desse produto, e o levaram até as lojas do setor nos Estados Unidos para pesquisar os clientes; visitaram cafés e entrevistaram desconhecidos para obter uma amostra completa. Para chegar aos clientes on-line, criaram uma pesquisa similar na ferramenta gratuita SurveyMonkey, que eles compartilharam nas páginas do Facebook, e pediram a amigos e familiares para compartilhar.

"Em nosso modelo inicial, venderíamos o conjunto básico por 195 dólares", diz Rich. "O que ouvimos na sequência foi: 'Por 200, preciso pensar'. 'Se você começar a 100 dólares, daí eu sigo a manada'." Hoje, o conjunto clássico vendido pelo casal, com um lençol liso, outro com elástico e duas fronhas de percal tem o preço inicial de 99 dólares (tamanho casal), e os produtos *premium* têm um valor mais alto.

Felizmente, a internet tornou mais fácil fazer pesquisas de mercado, sem a necessidade de investir em pesquisas caras. Além dos produtos de teste de mercado em seu próprio site ou num mercado gigante, sites de financiamento coletivo, como o Kickstarter e o Indiegogo – em que apoiadores podem ajudar no financiamento de uma start-up fazendo encomendas de seu produto – pode ser a forma ideal de testar sua ideia. Assim como os sites de financiamento coletivo (conhecidos por *crowdfunding*) se tornaram bem estabelecidos, o mesmo aconteceu com os negócios que eles lançaram. Na verdade, um estudo de 2016[8] revelou que os projetos inscritos na plataforma Kickstarter levaram à criação de quase 5 mil novas empresas com e sem fins lucrativos nos Estados Unidos desde que o site começou, em 2009. Essas empresas geraram uma receita coletiva de 3,4 bilhões de dólares, além do que levantaram por meio do financiamento coletivo.

O financiamento coletivo se mostrou um tremendo recurso para o casal, que há 3 anos deu início a seus negócios com 25 mil dólares, somados de suas próprias economias e de investimentos familiares. Quando perceberam que era preciso mais dinheiro para manter a empresa crescendo, lançaram uma campanha na Kickstarter, e levantaram 236.888 dólares em pré-vendas de lençóis, validando a ideia inicial – prova de que o público-alvo pagaria mais dinheiro por lençóis com bom custo-benefício. "Foi mesmo no boca a boca", conta Vicky. "Não tínhamos seguidores."

A campanha no Kickstarter validou o enfoque não convencional que distinguia a Brooklinen de alguns de seus concorrentes. A maioria dos compradores de jogos de cama é mulher, e o design usado pela maioria das empresas mira o público feminino. "As pessoas nem tentam vender lençóis para homens", afirma Rich. Ainda assim, o que os dois perceberam é que os homens também se importam com seus lençóis – e que esse público é relativamente desprezado. Para atrair tanto homens quanto mulheres como clientes, o casal optou por estampas que potencialmente atrairiam ambos os sexos, como listras e xadrez. Hoje, metade de seus clientes são homens. Muitos compradores são recém-formados que estão montando seus primeiros apartamentos ou novos casais que colocaram os lençóis nas listas de presente de casamento.

---

8 MOLICK, Ethan R. *Containing Multitudes: The Many Impacts of Kickstarter Funding*. 11 de julho de 2016. Disponível em: ssrn.com/abstract=2808000.

Conforme o negócio cresceu, o casal mudou do apartamento para um ponto na WeWork, um espaço de *coworking*. Criando uma pequena remessa de lençóis para divulgar para a mídia em Nova York, eles usaram a Uber para fazer entregas. Conforme os pedidos chegavam, eles contrataram freelancers da TaskRabbit para ajudá-los a empacotar e entregar por meio do Zipcar, serviço de compartilhamento de carro. Quando precisavam fazer entregas diretamente do escritório, usavam o Uberrush, serviço de compartilhamento de entregas disponível nos Estados Unidos. "Nós apostamos na economia compartilhada de todas as formas que podemos", defende Rich.

Quando o trabalho feito a quatro mãos não acompanhava mais a crescente demanda, mais freelancers terceirizados foram contratados. Para administrar os anúncios no Facebook, contrataram um fornecedor com expertise na área. Para preencher pedidos, apostaram na Ruby Has Fulfillment em Long Island City, Nova York.

A aposta em freelancers e serviços terceirizados permitiu que a Brooklinen se mantivesse enxuta, ao mesmo tempo que testava suas estampas e criava um negócio saudável desde seu estabelecimento inicial. "Tivemos lucro em todas as vendas desde a primeira. Investimos o dinheiro de volta e então crescemos", conta Rich. Um pouco depois de 1 ano da campanha da Kickstarter, quando o casal fez a primeira contratação, o negócio chegou a 750 mil em receita. No final do ano, a receita havia chegado a 2,25 milhões de dólares. No ano seguinte, a Brooklinen trouxe 20 milhões. A empresa de e-commerce, que expandiu seus produtos para capas de travesseiros e de edredons, não conta mais com apenas dois funcionários – aumentaram o quadro da empresa para 32 pessoas, incluindo um serviço terceirizado de atendimento ao cliente de dezesseis pessoas que ficam nos Estados Unidos e são altamente treinados com relação à postura do casal empreendedor na interação com os clientes. Sobre isso, Rich revela: "Tivemos um enfoque bem estratégico para manter as coisas enxutas".

Isso permitiu que os fundadores ficassem próximos de seus clientes, que desempenharam um enorme papel em divulgar a empresa nas mídias sociais, atraindo outros compradores rapidamente. "Estamos tentando acompanhar a demanda", conta Rich. Enquanto isso, a empresa lança uma segunda linha de lençóis *premium* e planeja edições especiais em colaboração com artistas.

Inicialmente, quando conversei com Rich e Vicky, eles não haviam juntado capital de risco, preferindo permanecer com o modelo de freelancers. Eles sentiam que esse formato os ajudava a permanecer fiéis à visão que deu início ao negócio. "Não temos pressão de construir uma equipe com determinado número ou gastar dinheiro apenas por gastar. Podemos ser bem conscientes e criativos e manter uma experiência controlada de ponta a ponta", afima Vicky. Mas conforme os negócios crescem e evoluem, o mesmo acontece com os empreendedores responsáveis. À medida que a demanda por lençóis aumentou, Rich e Vicky decidiram buscar capital de fora para ajudá-los a manter o ritmo. No boca a boca, a notícia se espalhou e, de acordo com o próprio Rich, "explodiu a tal ponto em que foi preciso contratar mais funcionários. Por necessidade, as coisas tinham de mudar".

A grande virada veio no final de 2015, após o investimento de 100 mil dólares do mentor Frank Rimalovski, diretor-executivo do Instituto de Empreendedorismo da Universidade de Nova York, onde Rich se formou. Rimalovski apresentou a Brooklinen para a empresa de capital de risco FirstMark Capital, que também é investidora do Pinterest e do Shopify. Depois das ótimas vendas de Natal no dezembro do sexto ano da Brooklinen, o acordo foi fechado rapidamente. No mês de março seguinte, a Brooklinen havia levantado 10 milhões de dólares num financiamento da FirstMark Capital.

Um aspecto que ajudou a Brooklinen a levantar fundos foi o fato de seus sócios possuírem um conhecimento profundo de seu mercado de atuação. Quando escrevi para Amish Jani, fundador e diretor administrativo da FirstMark Capital para descobrir por que ele decidiu apostar na empresa do casal, ele respondeu no mesmo dia:

"A Brooklinen é parte da reinvenção do varejo, na qual as marcas constroem relacionamentos significativos com seus consumidores e constroem uma noção aprofundada de comunidade. Ficamos espantados ao ver como eles cresceram de forma tão eficiente, ao mesmo tempo em que entregavam um produto de qualidade e que cativou os clientes".

No que diz respeito ao alcance de seus negócios, o casal acredita que, considerando a maneira como construíram a Brooklinen, trazer um investidor de fora não mudaria a personalidade da marca. "Nosso investidor realmente entende o que queremos transmitir, já que acompanhou a marca crescer e se expôs verdadeiramente a ela. Encontramos a pessoa certa, com paciência", conta Vicky.

Katherine Krug, 35, também usou o Kickstarter para testar o mercado com sua ideia. Depois de desenvolver uma doença ciática debilitante enquanto trabalhava na frente do computador o dia todo numa start-up em San Francisco, ela desenvolveu uma faixa de suporte, com garrafas de leite e outros materiais de casa, para dar apoio às costas e aliviar a dor. Dessa forma, Katherine percebeu que tinha potencial para criar sua própria start-up.

Quando falou da sua solução para seus amigos e conhecidos, Katherine descobriu que muitos deles também sofriam de dores nas costas e estavam interessados em usar a faixa. Ela contratou um designer industrial (que conheceu através de uma rede de amigos) para criar um protótipo e levou o projeto para o Kickstarter para levantar fundos para a ideia.

As pessoas foram mais receptivas do que Katherine imaginara: mais de 16 mil usuários fizeram pedidos. No total, contribuíram com 1,2 milhão de dólares para sua campanha de financiamento, o que a fez ter certeza de que o mundo queria seu produto. Katherine ainda recebeu propostas de dúzias de outras pessoas que desejavam ser distribuidores e parceiros – mais uma prova do conceito inovador criado por ela.

Levantar dinheiro no Kickstarter permitiu que Katherine contratasse uma equipe de fornecedores para ajudá-la a dar vida a suas ideias. Entre os fornecedores, uma empresa de marketing brasileira e uma assistente nas Filipinas. "Sempre há mais a ser feito. Acho que muitos abandonam sua ideia porque se sentem tão paralisados pelo quanto ainda precisa ser feito." Felizmente, Katherine não tem de fazer tudo sozinha, porque tem uma grande equipe estruturada.

Se montar uma campanha de financiamento coletivo não é o ideal para seu negócio, há outras formas de testar seu projeto e criar uma reserva de capital se for preciso fazer ajustes.

Justin Goff, 33, fez exatamente isso quando criou um negócio de e-books durante uma fase difícil de sua vida. À época, seu contrato com um trabalho em que fazia a otimização de sistema de buscas acabou – e 90% de sua renda foi embora junto. Além disso, sua namorada terminou com ele no mesmo período. Aos 27 anos, estava sem dinheiro e pensando em voltar a morar com seus pais.

Mas a pressão atiçou sua criatividade, e ele logo fez uma parceria com seu personal trainer para escrever um livro chamado *31 Day Fat Loss Cure*. O primeiro envolvimento do treinador de Justin com a prática de exercícios foi em seu treinamento no exército. Depois de anos preso em um escritório, ele queria voltar à sua antiga forma física. O instrutor usou o treino curto que praticava no exército para melhorar seu condicionamento físico e começou a compartilhar seus exercícios e dicas de dieta com clientes como

Justin. A dupla logo percebeu que tinha material suficiente para um e-book de sessenta páginas, colocado à venda no ClickBank.

Com cerca de 2 mil dólares disponíveis para investimento, Justin não tinha margem de erro. Começou a gastar cerca de 100 dólares por dia para impulsionar a divulgação do livro no Facebook. A partir da experimentação e de uma análise cuidadosa, aprendeu a escrever anúncios que atraíssem clientes.

Aos poucos, Justin Goff passou de um ponto em que gastava 100 dólares por dia, para 50 dólares, depois 10, até finalmente cobrir totalmente seus gastos com o que ganhava com as vendas. Quando começou a lucrar, aumentou o alcance de seu público-alvo – que consistia de pessoas com ensino superior completo, entre 40 e 50 anos. "Logo, não era incomum faturar 2 mil dólares por dia. Em doze meses, o livro rendia mais de 1 milhão de dólares", ele conta. "Quando você aprende a lidar com anúncios do Facebook, essa se torna uma importante habilidade. Com isso, você pode crescer bem rápido."

Como apresentei neste capítulo, ter a mentalidade de empreendedores como Justin e outros que conhecemos até aqui é primordial se o seu desejo for, de fato, criar um negócio milionário. Mas só pensar como eles não vai levá-lo até onde você deseja chegar. Vamos mergulhar na parte prática sobre como começar.

4
FAÇA ACONTECER

Nascido e criado no Texas, nos Estados Unidos, Paul Hedrick, 29, sempre adorou botas de caubói. E seu entusiasmo por elas não diminuiu quando se mudou para Nova York. "Fiquei ainda mais interessado pelas botas de caubói. Comecei a usá-las mais no escritório, para fazer com que meus colegas soubessem que *eu* era o texano da firma", conta, rindo.

Achando que estava aproveitando ao máximo sua formação superior em matemática e economia, trabalhou em várias empresas grandes e renomadas dos Estados Unidos. Ainda assim, Paul sonhava em ter seu próprio negócio um dia.

Quando era funcionário na L Catterton, uma das empresas em que trabalhou, Paul prestava consultoria para empresas de bens de consumo e descobriu que se interessava bastante por esse tipo de negócio. A partir desse primeiro contato com a área, começou a pensar que gostaria de atuar no mercado de botas. Suas botas de caubói eram os itens mais caros de seu guarda-roupa. Ele se sentia praticamente obrigado a pagar preços muito altos em pares de botas decentes. "Ninguém na categoria vendia um produto de qualidade por um preço mais baixo. Então, percebi que eu deveria fazer isso."

Em 2014, Hedrick largou seu emprego em Nova York e começou a preparar o terreno para o que se tornaria a Tecovas, empresa que vende botas de caubói pela internet, e também no seu *showroom* e em eventos, como em apresentações de música country. Paul, que tem sorriso fácil e é entusiasmado em contar sua história, descobriu que era bom em vendas. Seu negócio, agora com sede em Austin, no Texas, garantiu 1 milhão de dólares logo no primeiro ano. Por usar um modelo de venda direta com seu consumidor e não ser obrigado a pagar intermediários, foi possível vender as botas por algo entre 195 e 235 dólares, valor consideravelmente menor do que o de outras botas de qualidade parecida, tornando-as acessíveis para um grande número de consumidores. Há pouco tempo, também introduziu botas de luxo em seu catálogo, feitas de materiais mais raros, como pele de avestruz, com preços de até 355 dólares, assim como uma linha de cintos. Em 2016, seu negócio passou dos 2 milhões de receita anual.

A trajetória de Paul Hedrick é similar à de muitos empreendedores milionários: ele não estava convicto sobre o que queria fazer da sua vida. O sucesso de Paul aconteceu porque ele decidiu seguir seus instintos, que lhe diziam que sua paixão estava longe de uma carreira tradicional, e ele esteve disposto a arriscar-se.

"Eu fazia coisas legais no trabalho e ganhava bem. Gostava do meu emprego. Mas eu também estava disposto a deixá-lo, o que a maioria das pessoas não está. Esse é um dos maiores diferenciais. Até que eu colocasse a mão na massa e começasse a inventar coisas, eu sabia que não me sentiria realizado profissionalmente. Essa foi grande parte da minha jornada", ele conta.

A passos calculados, Paul fez uma transição bem-sucedida entre uma carreira tradicional e a carreira de empreendedor, sem transformar a vida em um tumulto. Muitos empreendedores milionários seguiram um caminho parecido. Aqui estão algumas de suas estratégias.

COMO FINANCIAR UM NEGÓCIO

Alguns dos empreendedores que você conheceu neste livro atingiram a receita de 1 milhão em 1 ano ou menos, trabalhando com intensidade similar à da prática de crossfit. Outros, aplicaram o comprometimento prolongado da prática de ioga para conseguir seu milhão. Independentemente do ritmo de trabalho adotado por cada um, muitos deles perceberam que, no início, seria preciso pagar as contas de uma forma diferente, além do novo negócio, e planejar suas finanças de acordo.

Se você deseja repetir esse sucesso, siga as dicas deles. Você terá muito mais energia criativa para dedicar ao seu negócio, se não estiver, ao mesmo tempo, lutando para pagar as contas no curto prazo. Ter um pouco de dinheiro em mãos também vai permitir que você invista na sua start-up quando as oportunidades se apresentarem, e evitará que você desista da ideia de maneira prematura.

Aumentar os negócios pode exigir um investimento constante no início e pode levar um tempo até que isso se sustente. A pesquisa Gallup[9] mostra que apenas 38% dos empreendedores apostam unicamente na renda de uma start-up no primeiro ano, e 54% dizem que outro emprego é a forma primária de ganhar a vida. É só quando os negócios têm de 2 a 5 anos que a maioria dos empresários pode apostar neles como sua renda principal. Mesmo assim, apenas 51% têm sua renda primária no negócio e 44% ainda dependem de outro trabalho.

Então, como criar a base financeira de que você precisa? Para quem não tem muitas conexões profissionais e não tem experiência em levantar dinheiro, em geral, existem quatro rotas.

ROTA Nº 1: A ATIVIDADE PARALELA

Muitos empreendedores começam negócios enquanto trabalham em tempo integral para outra pessoa e usam seus salários ou do cônjuge como capital. "Acho perigoso vir com uma ideia e sair de um emprego bem remunerado se não houver uma indicação óbvia de que tudo dará certo", indica Kelly Lester. Mãe de três filhos, ruiva, trabalha como atriz metade do dia e criou a EasyLunchboxes,

---

9 RYAN, Ben. *Many US Microbusinesses Depend on Second Job*. Gallup.com. 3 de abril de 2014. Disponível em: gallup.com/poll/168215/microbusiness-owners-depend-second-job.aspx.

loja virtual que ela administra de casa em Los Angeles. Após 8 anos, a empresa gera mais de 1 milhão de receita anual. "Conheço muita gente que coloca toda a energia, dinheiro próprio e dinheiro dos pais num negócio que nunca deveriam ter começado."

Em 2006, Kelly vendeu sua antiga loja virtual, que comercializava espelhos de interruptor decorativos e sabonetes. Três anos depois, criou a EasyLunchboxes, quando o dinheiro da antiga venda já havia acabado, a recessão chegado e sua família precisava de mais dinheiro. Ela usou o dinheiro que seu marido recebia pelos trabalhos como ator para financiar a empresa. Mas reconhece: "Corremos um grande risco".

Quando o negócio deslanchou, Kelly financiou o crescimento através do fluxo de caixa. "Os pedidos que continuavam a vir pagavam pelo que tínhamos de encomendar", ela explica. Hoje, apesar de manter uma linha de crédito com o banco, ainda não foi preciso recorrer a esse recurso, mesmo para atender a um enorme pedido da Target. Isso reduziu os riscos financeiros com que o casal se deparou. Se as marmitas não venderem tão bem quanto o planejado com a Target, "vendemos a preço de custo e saímos dessa", afirma. Enquanto isso, ainda existirão as vendas na internet.

ENCONTRE O TEMPO DE QUE VOCÊ PRECISA PARA COMEÇAR Se não pode sair do seu emprego atual para começar um negócio, você ainda pode encontrar tempo para lançá-lo, se for criativo. Pense nisso: se você separa apenas uma hora por semana para trabalhar em sua ideia de negócio, ao final do ano, você terá dedicado 52 horas para começar – mais do que o suficiente, em muitos casos, para ter uma versão preliminar.

Não tem disciplina suficiente para reservar um tempo toda semana? Considere dedicar um grande período para fazer tudo de uma só vez.

Administrar um negócio individual milionário não se resume a dedicar longas horas. Diferentemente do trabalho tradicional, no qual seu pagamento está atrelado às horas que você dedica a ele, a renda de seu negócio tem origem em quão esperto e seletivo você é em relação ao uso de seu tempo. Pergunte a Dalton Dale, empreendedor que cria atrações interativas, como a The Uninvited: Awakening, uma casa mal-assombrada assustadora, montada nos estábulos subterrâneos de uma casa histórica em Nova York. Dalton cresceu em uma família conhecida por montar a melhor casa mal-assombrada do bairro durante o Halloween. Ele curtia tanto a brincadeira que se inspirou em transformar a ideia em um negócio milionário.

Dalton cria suas atrações com esforço, trabalhando por períodos curtos durante o ano, mas intensos, de maio até outubro, o mês do Halloween, podendo descansar o restante do ano. Quando nos encontramos, pouco depois de ter lançado a The Uninvited com a ajuda de um colaborador, Dalton, então com 26 anos, vinha de uma carga horária, no mês anterior à abertura, em que trabalhava dezoito horas por dia. Durante minha visita, ele avançou como um furacão por cenários como "A secretaria", onde os participantes são trancados em um espaço minúsculo, até que uma atriz aparece, atira em sua própria cabeça, e suja todo o teto de sangue. "Nosso período normal de produção é de nove meses. Começo a trabalhar em janeiro, as coisas tomam um rumo em março, e as demandas ficam loucas de maio em diante", conta Dale. Quando o lançamento não é iminente, Dale passa o tempo planejando e pensando em novas atrações, com a ajuda de uma equipe de fornecedores, em um ritmo bem mais tranquilo.

Controlar o tempo para que ele possa, mais tarde, acertar cada detalhe de suas produções, compensa para esse empreendedor. "Fomos capazes de dobrar nosso rendimento!", ele me disse por e-mail depois do nosso encontro.

Enquanto isso, Dalton administrava, simultaneamente, oito experiências teatrais de imersão em Nova York e outras áreas de seu negócio, a Big Dreamer Productions, que aposta num pequeno exército de fornecedores.

Quando nos correspondemos pela última vez, ele trabalhava numa nova produção além-mar: The Uninvited: The Delirium Device, uma experiência que funcionaria por 1 ano em West End, Londres. À época, ele já tentava levantar 2,25 milhões de libras. "Shows de 1 ano inteiro são muito mais caros", disse, na ocasião. Mas vale a pena o investimento para fazer o que se ama. "Os dias só vão ficar maiores, mas estou tão empolgado por apresentar essa experiência única e por ter a oportunidade de pirar com a cena do teatro de imersão de Londres", escreveu Dalton.

Economizando tempo Como todos os empreendedores milionários, Laszlo Nadler, da Tools4Wisdom, adora truques para aumento de produtividade que permitam que ele trabalhe menos e ganhe mais. A técnica, criada para evitar sobrecarga de e-mails, é sua poupadora automatizada de tempo. "Permite que você livre, permanentemente, o Gmail e o Outlook de spam com um golpe só", diz. A ideia é autoarquivar inscrições involuntárias de e-mails e buscar manualmente o que você quer, como ofertas de descontos, nos arquivos, quando necessário.

Os passos básicos no Gmail são:
- Nas configurações, vá para a caixa de busca e clique na flecha que aponta para baixo. Ao lado do botão "Pesquisa", você vai encontrar o botão "Criar filtro";
- aperte "Criar filtro" e no espaço de busca de palavras insira a palavra-chave "descadastrar";
- selecione a opção "Ignorar a caixa de entrada 'Arquivar'" e clique no botão "Criar filtro";

----→ opcional: selecione "Também aplicar filtro a XX conversas correspondentes" (para organizar todo o e-mail passado).

Os passos básicos no Outlook são:
----→ Crie uma pasta com um nome como "Baixa prioridade";
----→ clique com o botão direito em qualquer mensagem e clique em "Regras" > "Criar Regra";
----→ escolha um nome para a regra e digite, conforme solicitado;
----→ selecione as condições, conforme solicitado;
----→ selecione a ação, conforme solicitado;
----→ salve a regra.

O resultado em ambas as caixas de e-mail: setenta por cento de redução de "ruído" que atrapalha o foco no dia a dia.

ROTA Nº 2: MANTENHA SEU EMPREGO FIXO, VIVA COM PARCIMÔNIA E ECONOMIZE

Alguns empreendedores vivem de forma moderada e economizam dinheiro até poderem se dar ao luxo de pedir demissão e começar um negócio. Paul Hedrick, que é solteiro, não mantinha um padrão de vida luxuoso, por isso foi capaz de guardar de 20% a 30% de seu rendimento líquido enquanto trabalhava em um emprego no mercado financeiro. Assim, economizou o suficiente para viver mais de 1 ano sem receber um salário mensal e fazer um investimento de seis dígitos em sua start-up.

Esse nível de atenção direcionado ao financeiro de um negócio não é incomum entre empreendedores individuais de alta rentabilidade. "Em termos de atitude e motivação, esses empreendedores tratam seus negócios como algo real", afirma Steve King, sócio da Emergent Research, empresa em Walnut Creek, Califórnia, que estuda a força do trabalho independente. "Eles têm planos, metas, orçamentos. E isso é observado até nas áreas criativas. Você precisa levar seu negócio a sério se é um autônomo ou um empresário no comando de um pequeno negócio."

Uma das razões pelas quais guardar dinheiro é tão importante está no fato de que, com frequência, é preciso mais dinheiro do que se pensa para transformar uma ideia em um negócio lucrativo. Paul Hedrick, por exemplo, pesquisou por meses sobre o modelo de bota que deveria vender e como confeccioná-la. O ponto essencial nessa equação foi encontrar o parceiro certo para a fabricação da bota. Sua busca o levou à cidade de León, no México, onde grandes marcas produzem suas botas de caubói. Lá, descobriu um grupo de artesãos que cuidava de uma fábrica e fechou uma parceria com eles. No primeiro ano, acabou morando em León por cerca de uma semana durante todos os meses, trabalhando no desenvolvimento do produto.

Como planejava vender apenas duas opções de bota para os homens e duas para as mulheres, Paul optou por um design clássico, e evitou modelos que fariam sucesso apenas por uma estação. Mas aprender design, mesmo com a ajuda de artesões, e acertar os modelos, não foi tarefa fácil. "Levou uns dezesseis meses de trabalho em período integral até que eu pudesse lançar a marca", lembra-se Paul. "Duas vezes mais do que eu pensava no início, mas não me arrependo."

Paul Hedrick virou sua conta bancária do avesso, mantendo baixos os custos de divulgação ao focar na construção de um *mailing*. Cerca de seis meses antes do lançamento, montou um site e pediu que amigos e familiares visitassem a página, compartilhassem seus endereços de e-mail e espalhassem a notícia. Ele incentivou que as pessoas se inscrevessem no site, para presentear amigos e família com 10 dólares em "créditos de Tecovas", sempre que tivessem alguém novo para adicionar à lista de contatos. "Era uma forma enxuta e de baixo custo de incentivar muita gente a participar", diz ele. A área em que Paul mais investiu seu dinheiro foi em design e fotografia, para garantir o objetivo de criar a imagem certa para a marca. "O grande diferencial para nós como marca foi mostrar às pessoas que as botas são realmente de primeira." E oferecer descontos para quem divulgasse compensou. Paul estima que a Tecovas tenha atingido seis dígitos nas vendas dos primeiros meses de funcionamento efetivo.

Após os primeiros 100 mil dólares em vendas garantidos pela Tecovas, Paul Hedrick conseguiu um sócio – Branden Windle, um amigo que trabalhava para um investidor-anjo. O foco de seu parceiro no crescimento e no marketing da empresa o ajudou a acelerar o progresso de seus negócios. "Minha filosofia era: precisamos provar que conseguimos ter tração real."

Com certeza era mais fácil para Paul poupar e levantar dinheiro do que é para muitos, uma vez que ele mantinha, anteriormente, um alto salário em um emprego fixo. Mas é possível economizar capital mesmo que você não tenha um emprego fixo na área de finanças. Allen Walton, fundador da SpyGuy, conseguiu juntar o dinheiro que usou para começar sua empresa de câmeras de segurança enquanto trabalhava numa loja similar, apenas economizando e escolhendo um negócio que não requeria alto capital inicial.

E SE VOCÊ TIVER FAMÍLIA E PLANO DE SAÚDE? Se você sustenta dependentes, será certamente mais difícil separar o dinheiro necessário para começar seu negócio. Sei que pagar pela alimentação e comprar chuteiras pode, de fato, aumentar as contas – como mencionei, eu mesma tenho quatro filhos. Isso não significa que é impossível. Alguns empreendedores contam com a renda do cônjuge ou usam indenizações trabalhistas para investir num negócio enquanto manobram as responsabilidades financeiras de ter filhos.

Como autônoma há 10 anos e alguém que pagou convênio médico para uma família de seis integrantes durante a maior parte desse tempo, para um corretor ou diretamente para uma seguradora, entendo o peso que a crise da saúde nos Estados Unidos pode provocar, ou mesmo em outros países. Chegamos a um ponto em que minha família pagava mais de 3.100 dólares ao mês em um plano, até que finalmente mudamos para um plano altamente dedutível de impostos, que cabia em nosso bolso. Mesmo assim, nosso plano ficava perto dos 2 mil dólares ao mês.

Tenho consciência de que muitas famílias não podem pagar por esse tipo de plano, e de que os custos podem ser impossíveis se você está começando uma start-up. Antes de meu marido ter emprego fixo e conseguir um plano através da empresa, os gastos com saúde também eram um peso para nós. A única maneira de conseguir pagar por planos como esses era viver bem abaixo de nosso padrão. Abrir um envelope com o aumento anual do plano, literalmente, me fazia perder o ar a cada vez, todo ano. O aumento já chegou a bater 600 dólares por mês!

As seguintes estratégias não preencherão as falhas gigantes do sistema de saúde, nem poderão ensiná-lo a lidar com uma doença ou condição séria, mas ajudaram minha família a ter um pouco mais de controle sobre a situação de nossos planos de saúde.

Torne as atividades físicas parte de sua rotina Encontrar uma atividade física que você pratique, qualquer que seja ela, é uma boa iniciativa para melhorar sua saúde. Um dos melhores investimentos no nosso orçamento foi começar a frequentar um clube mais acessível, a cerca de cinco minutos de nossa casa, e que apresentava muitas coisas que nos atraíram, de atividades em família a equipe de ginástica. Custa pouco por mês. Não é dos lugares mais refinados, mas é muito conveniente, por isso o usamos com frequência. Se não tiver a opção de um clube mais em conta próximo a sua residência, você pode colocar na sua rotina uma caminhada diária na rua, ou numa praça que seja, perto da sua casa.

Invista numa dieta saudável Muitos dos maiores problemas de saúde que as pessoas enfrentam em países desenvolvidos estão relacionados à má alimentação, tipicamente ligados a uma dieta cheia de alimentos processados e com alto teor de açúcar. Para fazer o que podemos para evitá-los, tentamos comer alimentos naturais e frescos a maior parte do tempo. Quando vamos à feira do nosso bairro, conseguimos comprar muitos alimentos frescos para alimentar uma família de seis pessoas. (Já fizemos parte de uma cooperativa de alimentos orgânicos, outra alternativa que pode ser econômica.) Apesar de eu e meu marido costumarmos ir a restaurantes com frequência, cada vez mais descobrimos que preferimos cozinhar em casa, em parte porque há menos ingredientes prejudiciais à saúde em comidas caseiras. Quando queremos sair para comer, optamos por restaurantes que servem comida fresca, de alta qualidade; e, a depender do estilo da culinária, você pode encontrar preços acessíveis.

Encontre estratégias de baixo custo para reduzir o estresse Cuidar de um negócio – mesmo que seja um negócio muito bem-sucedido – gera muita pressão e é fácil deixar o estresse tomar conta. Com o tempo, esse estresse pode acabar com sua saúde. Pela minha experiência, descobri que massagens ocasionais, feitas em clínicas-escola, podem ser uma opção barata, que pode nos ajudar a relaxar. Frequentar as aulas de ioga no clube popular (também é possível fazer o exercício em vídeos disponíveis gratuitamente no

YouTube) também aliviou muito meu estresse, em especial depois que superei o medo inicial de que a atividade seria "lenta" demais e até entediante. Descobri que a Vinyasa, ou a ioga de fluxo, era rápida o bastante para me manter interessada.

Jonathan Johnson, morador da cidade de Chico, na Califórnia, pai de dois filhos e antigo representante comercial, deu os primeiros passos para criar dois negócios relacionados de e-commerce, que juntos, hoje, geram 2,8 milhões de receita – tudo isso enquanto ainda trabalhava no mercado imobiliário. Jonathan lançou os negócios pouco antes do colapso da economia global, quando começou a temer que sua indústria estivesse em perigo, e percebeu que precisava de outra fonte de renda.

Para desenvolver uma ideia de e-commerce, ele olhou para o que havia feito previamente. Antes de trabalhar com imóveis, Jonathan teve uma experiência com vendas de equipamentos médicos, e decidiu juntar essa experiência vendendo materiais médicos para prisões com a venda de acessórios obrigatórios por lei (como capacetes). Desta vez, optou por vender utensílios para proteger funcionários de hospitais do contato com sangue potencialmente infeccioso, além de outros materiais médicos e acessórios exigidos por lei. Ainda estava empregado, registrou seu negócio, o DirectGov Source, e se inscreveu na lista de vendedores do governo para equipamentos médicos.

"Cerca de duas semanas depois já tive um pedido de um órgão do governo", lembra-se. "Eles queriam desfibriladores. Sabiam bem o que queriam – o número do modelo, as partes, de quantos precisavam." Rapidamente, Johnson abriu uma nova conta Visa e correu para comprar os equipamentos. "Isso colocou a bola para rolar", diz ele.

Ávido por encontrar uma nova fonte de renda enquanto ainda estava empregado, o empreendedor fez uma centena de ligações, sem medo da exposição, para se apresentar para delegacias ao redor do país. À época, todos seus subalternos já haviam se demitido ou sido despedidos, e ele tinha pouco a fazer como gerente da filial de sua empresa. Quando recebeu uma ligação do gerente regional, que trazia a notícia de que sua filial estava sendo fechada, ele estava preparado. "Eu estava com tudo montado lá em casa. Tive dez meses de preparação. Estava pronto para seguir."

No primeiro ano, a família de Jonathan dependeu principalmente das economias e do salário da esposa. Seu negócio trouxe apenas 30 mil dólares brutos em vendas e 8 mil dólares de renda. O casal tinha dois filhos, então adolescentes, para sustentar. "Foi assustador", ele confessa; mas sabia que não tinha outra opção.

Sua esposa, Dyana, que sempre apoiou a ideia, a certo ponto se perguntou se funcionaria. "Eu tinha minhas dúvidas", Jonathan admite. "Então consegui esse contrato com a Polícia Rodoviária da Califórnia e isso me deu certa confiança." Toda vez que ele vendia um novo produto, tentava determinar se havia interesse de outros departamentos de polícia. Com frequência, ele notava que os demais seguiam o líder e se um departamento começava a usar algo, os outros também o faziam. "Daí em diante, as coisas começaram a crescer", lembra.

Para permanecer focado, Johnson escreveu um plano de negócios que até hoje funciona. Cerca de 2 anos depois de lançar seu primeiro site, abriu um segundo, o PPEKITS.COM, que se concentra exclusivamente em equipamentos de proteção. Notando que muitos clientes do governo necessitavam de kits customizados de infecção-prevenção, Jonathan ofereceu a opção de customizá-los. Seu filho mais novo o ajudou a montar os kits de noite, na garagem da casa deles. Quando a demanda aumentou, ele descobriu um serviço que empregava adultos com deficiências para fazer o trabalho. Conforme o negócio continuava a se expandir, Jonathan precisou de ajuda para processar os pedidos e manter os registros, então chamou um assistente que encontrou em uma agência de empregos de curta duração. Em vez de trabalhar de casa, mudou-se para um escritório e alugou um depósito de 140 metros quadrados.

"Uma coisa que percebi é que você não pode interromper o crescimento. É uma coisa incrível quando ele começa. Você precisa estar preparado."

Jonathan não tinha muito capital para começar, então construiu os negócios de forma que não precisasse comprar muita mercadoria. Ele apostava principalmente num *drop shipper* [estoque na fonte] para processar os pedidos. "Meu negócio tem provavelmente 90% de *drop ship*." Isso significa que se Jonathan tem um pedido de venda de quinhentos itens para uma agência do governo, ele envia a ordem para um fabricante que, na sequência, manda os produtos direto para o cliente. Ele então paga o fabricante e recebe o dinheiro do governo. "O governo pode pagar atrasado, mas você sempre recebe", diz Johnson.

Três anos após começar o negócio, ele obteve uma linha de crédito com um banco, o que o ajudou a ter fluxo de caixa se os pagamentos demorassem a vir. A linha inicial era de apenas 25 mil dólares, mas como permaneceu no mesmo banco conforme o negócio crescia, seu crédito cresceu para 250 mil. Ter clientes do governo agiu a seu favor. "Isso foi uma coisa de que o banco gostou – a estabilidade da base de clientes", conta Johnson.

Jonathan descobriu que a linha de crédito é uma rede de segurança, caso haja um atraso em algum pagamento e você precise pagar fornecedores. Ainda assim, ele é cauteloso quanto a recorrer a esse recurso, porque não gosta da pressão de dever dinheiro.

"Usei a linha de crédito apenas em situações em que era absolutamente necessário. Não uso para fechar a folha de pagamento ou outros motivos supérfluos. Não uso para fazer estoque." Jonathan usa para manter seus fornecedores pagos em dia. Como ele bem sabe, manter essas relações fortes permite que continue a ter clientes satisfeitos.

Conforme a tecnologia fica mais acessível, o custo de começar um negócio também fica mais baixo. Assim, você pode precisar de um investimento menor do que pensa. Se você fez seu dever de casa e pensa seriamente em abrir um negócio, colocar dinheiro em sua start-up pode ser o investimento mais inteligente que você vai fazer na vida.

FOQUE NO OBJETIVO Como Jonathan, Laszlo Nadler começou um negócio lucrativo enquanto trabalhava em tempo integral e cuidava de sua família. Como ele conseguiu? Encaixou o trabalho nos finais de semana e conseguiu passar menos tempo no escritório depois de uns anos. A chave? Sempre identificar formas de evitar atividades desimportantes, como escrever e-mails e testes A/B (que comparam duas versões de uma web page para ver de qual os consumidores gostam mais). (Para mais sobre testes A/B, ver o capítulo 5). Nadler sabia que sua jornada dupla era apenas temporária e via como um investimento de esforço diário a longo prazo.

Se você também mantém uma jornada dupla como Nadler, é possível aliviar sua carga anotando as perdas de tempo que consomem as horas que você poderia dedicar ao negócio – e eliminá-las. Está gastando muito tempo para marcar compromissos? Considere usar um aplicativo mais em conta como o ScheduleOnce, que permite que contatos profissionais vejam sua agenda e escolham uma hora que funcione para eles. Está perdendo muito tempo com ligações internacionais em serviços gratuitos de telefonia que nunca parecem funcionar? Tente mudar para o Globafy, um serviço gratuito que permite que você organize conferências tanto para você quanto para pessoas em outros países. Está perdendo tempo fazendo *follow-up* de futuros clientes para saber se leram seus e-mails? Tente um serviço como o Streak para o Gmail, que mostra quem de fato abriu a mensagem e permite acompanhar caso a caso. Para cada tarefa tediosa que você faz, provavelmente há um aplicativo que pode ajudá-lo a eliminar ou a reduzir o tempo que leva para concluí-la, se você estiver disposto a procurar.

Gerenciar os projetos de pesquisa que se fazem necessários quando se administra um negócio, como esse de encontrar aplicativos úteis, pode parecer exaustivo, mas sempre há formas de tornar isso mais divertido. "Você pode transformar um assunto entediante e seco em algo legal se mudar sua pergunta para: que tipo de ideias criativas vão ajudar a melhorar a minha qualidade de vida?", motiva Nadler.

Tempo para recarregar as energias pode exigir comprometimento. Para evitar que seu negócio em crescimento devore seu tempo livre, Nadler apostou em assistentes a distância e uso de automação. "Automatizei os e-mails dos meus clientes, para que eu possa chegar a cada cliente com um tom bem pessoal, dando a eles a chance de responder diretamente a mim", explica. Isso permite que Nadler construa e controle sua lista de e-mails. Por outro lado, a loja virtual na qual vende seus *planners* assumiu o controle do atendimento com o cliente.

ROTA Nº 3: CONSIGA INVESTIMENTOS DE TERCEIROS

Às vezes, começar um negócio pode exigir mais dinheiro do que você tem para investir sozinho, não importa quantas noites você jante miojo, por exemplo. Nesse caso, você vai precisar encontrar financiadores externos. Quando Paul Hedrick zerou seus próprios fundos, descobriu que sua expertise em administrar negócios bem enxutos de alta lucratividade poderia torná-lo interessante para financiadores externos. A partir daí, voltou-se para investidores anônimos, conhecidos como "anjos", com quem entrou em contato por meio de suas negociações, e vendeu a eles uma pequena participação em troca de dinheiro. Com isso, levantou mais 1,2 milhão de dólares, com um total de mais de 1,8 milhão de dólares em ações. O investimento permitiu que Paul trouxesse mais funcionários. Um ano após o lançamento, percebeu que era difícil demais lidar sozinho com a empresa no México e contratou um gerente de produção para ficar naquele país. Também contratou alguém para ajudá-lo com as finanças e três pessoas para cuidarem do serviço de atendimento ao cliente, algo importante, considerando que a receita crescia exponencialmente.

Dalton Dale, o empresário das casas mal-assombradas – que também fez trabalhos para peças da Broadway –, não se intimidou e ligou para conhecidos do teatro para levantar o montante de 1 milhão de dólares de que precisava para criar sua grande experiência de casa mal-assombrada. "Eu tinha apenas um mês para levantar 1 milhão", conta. Mas a pressão o estimulou e o encorajou a dar os passos necessários para atrair investidores. Custou 25 mil em impostos só para criar os documentos de ofertas.

Há muitos livros excelentes sobre como atrair e trabalhar com investidores, como *Raising Capital* [Levantando capital], do advogado norte-americano Andrew Sherman. Se você não tem muitas conexões no mercado financeiro ou não tem coragem de ligar para desconhecidos e convencê-los a colocar dinheiro em sua ideia, pegar dinheiro emprestado de seus amigos e da família ou vender a eles uma parte de seu negócio geralmente é a opção mais acessível. Apenas se certifique de que você não acabe destruindo seus relacionamentos pessoais ao pedir uma quantia que não poderá pagar de volta. Certifique-se também de ter aconselhamento jurídico com relação à melhor forma de estruturar um acordo de sociedade, com um advogado bem versado nessas transações, para que você não venda uma grande parte do seu negócio e acabe perdendo o controle.

ROTA Nº 4: EXPLORE OUTRAS OPÇÕES DE FINANCIAMENTO
Vender participação é apenas uma forma de levantar dinheiro. Se sua ideia de negócio é muito inovadora, uma grande forma de juntar capital é entrar em concursos de planos de negócios que oferecem prêmios em dinheiro. Concursos acontecem em várias áreas e frequentemente são atrelados a universidades. Sites como o BizPlan-Competitions podem ajudá-lo a encontrar concursos nos Estados Unidos com o seu perfil. Conheço vários empreendedores que participam dessas competições com frequência. Aqueles com grandes planos de negócios ganham mais vezes – e o dinheiro do prêmio não precisa ser devolvido. (Mas você *terá* que pagar impostos sobre esse dinheiro, então converse com seu contador sobre quanto reservar para isso.) Certos prêmios podem ser bem substanciais, chegando a seis dígitos. Em alguns casos, os vencedores têm de fornecer participação aos patrocinadores, então fique atento sobre as coisas de que você precisaria abrir mão antes de se inscrever.

É muito difícil conseguir empréstimo bancário quando você ainda não tem um negócio estabelecido, então essa, geralmente, não é uma opção realista para uma start-up novinha em folha. Porém, se você tem um bom crédito e acesso a cartões de crédito, é possível pegar emprestado o valor de que você precisa. Muitos fundadores de start-ups o fazem. Aqueles que têm um cartão de crédito excelente conseguem com frequência acordos com 0% de juros por um período limitado, mantendo mínimos os custos do empréstimo.

Se você seguir por esse caminho, faça isso com cuidado e nunca pegue emprestado mais do que poderá devolver. Muitos não sabem que se usar um cartão de crédito de uma pequena empresa, você provavelmente assinou um contrato no qual as letras miúdas o tornam pessoalmente responsável pelas dívidas do cartão. É quase impossível conseguir um cartão de pequena empresa que não exija uma garantia pessoal. Isso significa que mesmo que o negócio vá à falência, você precisará pagar a dívida do cartão – o que pode ser bem difícil se tiver acabado de perder sua fonte de renda.

Por vários anos, escrevi uma coluna de perguntas e respostas para um site de usuários de cartão de crédito na qual costumava responder a cartas de leitores. Algumas das perguntas mais trágicas que recebia eram feitas por leitores que abusaram do cartão de um negócio que faliu anos atrás e agora lutavam para pagar as dívidas ou haviam desistido e eram perseguidos por credores. As leis de falência ficaram mais duras nos Estados Unidos nos últimos anos e é difícil fugir do pagamento, não importa quão duras sejam suas circunstâncias, e não vale a pena se arriscar a ter uma dívida pesada por anos.

É melhor você aumentar seu negócio lentamente e financiar o crescimento com o fluxo de caixa. Apesar da imagem popular de empreendedores sendo destemidos, muitos empreendedores milionários são conservadores nos empréstimos, contratando-os só quando é absolutamente necessário. "Sou radicalmente contra as dívidas", diz Matt Friel, um dos empreendedores milionários de e-commerce que você conhecerá mais à frente. "Costumo pagar tudo antecipadamente. Se faço estoque, pago em dinheiro." Operar dessa forma traz benefícios. Ele notou que seus fornecedores vêm primeiro a ele, com ótimas mercadorias, porque ele paga rápido.

O financiamento coletivo é outra opção que vale a pena explorar. Para muitos empreendedores, a pré-venda de um produto em um site como o Kickstarter ou o Indiegogo é uma boa forma de conseguir o dinheiro de que precisam para produzi-lo. Normalmente, os sites de financiamento coletivo exigem que os empreendedores considerem as contribuições feitas como compromissos, enviando produtos de cortesia para as pessoas que fornecem diferentes níveis de apoio.

Apesar de parecer opcional enviar um presente em troca de uma contribuição, na verdade os clientes que financiam o projeto esperam receber esses produtos rapidamente, como se os tivessem encomendado em uma loja virtual. Se é um empreendedor iniciante, você pode encontrar muitos percalços ao produzir um produto e não ser capaz de atender a essas expectativas, o que pode frustrar seus fãs. Então, se quiser levantar dinheiro num site de financiamento coletivo, é importante montar uma boa estratégia para manter os doadores informados sobre seu progresso. Isso significa postar relatórios de progresso no site e enviar e-mails estratégicos. Do contrário, você pode se ver gastando todo o seu tempo lidando com reclamações que prejudicam a marca.

Outro tipo de financiamento coletivo envolve vender participações para investidores. Sites de participação podem poupar o trabalho de encontrar investidores particulares se você não tem muitas conexões. Porém, se vender participações, será preciso um bom aconselhamento de um advogado com experiência nesse tipo de transação. Muitos empreendedores, incapazes de projetar o que seus negócios poderiam valer no futuro, vendem participações demais por muito pouco quando estão começando, ávidos por dinheiro. Se o seu negócio decolar, você vai se arrepender disso. Outro cuidado: há muitos empreendedores com uma noção inflada de quanto valem os seus negócios. Eles podem destruir transações com investidores fazendo exigências nada razoáveis.

Um bom aconselhamento vai ajudá-lo a cuidar dos seus interesses enquanto garante o financiamento de que você precisa.

EXPERIMENTE E REVISE

Outro motivo pelo qual você vai precisar de várias fontes de dinheiro durante a fase de lançamento é que nem tudo o que você experimenta no seu negócio vai funcionar de primeira. Pode ser preciso experimentar e revisar algumas vezes para criar um produto que se venda e desenvolver um negócio viável. Muita gente que decide empreender em negócios focados em produtos acha que é preciso continuar a mexer em seus produtos para acertar até por fim decolar. Você precisa investir tempo no processo para permitir múltiplas versões e certo dinheiro para pagar por seus experimentos. Pode não haver apenas uma versão 2.0. Pode haver uma versão 99.0.

Pergunte a Matt LaCasse, 30. Uma manhã, quando acordou a fim de fazer panquecas, ele teve um clique: "Todos os produtos que diziam 'basta acrescentar água' eram ruins e faziam mal à saúde", ele se lembra. Matt e sua esposa, Lizzi Ackerman, 29, decidiram fazer algo. O casal, que havia se conhecido na faculdade, começou a testar sua própria mistura para panqueca. "Não há muita inovação nesse ramo", afirma Matt. Há 6 anos, empolgados em criar um produto melhor, formaram a Birch Benders, uma marca orgânica. Para tanto, contrataram um advogado local, usando suas próprias economias. Apesar de a Birch Benders ter usado um advogado para firmar a sociedade, você não precisa necessariamente fazer o mesmo, dada a quantidade de sites que permitem que você estruture seu negócio on-line. Porém, sempre recorra ao aconselhamento profissional com relação à estrutura legal correta para seu tipo de empresa, seja de um advogado ou de um contador, já que a estrutura que você escolher vai pesar no seu passivo potencial e na quantidade de impostos a ser pagos.

Vendida em grandes redes de lojas norte-americanas, como a Whole Foods, a Target e a ShopRite, a Birch Benders agora tem uma receita anual "avançada nos sete dígitos, perto dos oito", de acordo com Matt. Além das receitas tradicionais de panqueca, como *buttermilk*, a dupla trouxe ainda versões veganas, livres de glúten e ricas em proteínas. Trabalhando com parceiros como a Target, eles desenvolveram sabores como abóbora picante. Mas levou um tempo para chegar lá.

PERGUNTE A SEU PÚBLICO-ALVO – E ESCUTE

Matt, que se formou em matemática, trabalhava em um restaurante orgânico quando ele e Lizzi começaram a trabalhar em suas misturas; enquanto isso, ela cursava química. Nenhum dos dois tinha muita experiência no negócio de alimentos, então eles desenvolveram um duplo teste cego para si mesmos, para saber se estavam usando os ingredientes perfeitos. "Tivemos certeza de que cada ingrediente usado era o melhor do planeta para cada receita", conta Ackerman.

Acertar as receitas demandou persistência para além do ponto em que muitas outras pessoas em seu lugar poderiam desistir. A mistura *paleo*, criada em parceria com a Whole Foods, "foi nossa receita de número 99", lembra Ackerman.

O casal não tinha muitos recursos à disposição; desde o começo, usaram a cozinha da casa alugada como laboratório, para desgosto do proprietário. "Nosso disfarce foi destruído quando um caminhão de dezoito rodas parou na nossa porta com várias caixas", conta Matt. Frequentemente, eles recebiam ligações de negócios enquanto um músico com quem dividiam a casa, membro de uma banda, tocava seu saxofone, mas não deixaram que isso impedisse o progresso. "Foi uma loucura na época", relembra Lizzi.

Para divulgar seus produtos, eles promoveram degustações no mercado Whole Foods do bairro. "Nós acordávamos e fazíamos duas ou três demonstrações por dia", conta Lizzi. Quando faziam isso, eles iam juntando feedbacks úteis de clientes sobre cada aspecto de seus produtos.

DESENVOLVA A APRESENTAÇÃO DO PRODUTO

Por meio de suas demonstrações, o casal aprendeu logo de início que seus preços eram muito altos quando ainda vendiam sua mistura em potes. Eles mudaram para uma embalagem reciclável e, por fim, depois de testar mais um pouco, contrataram uma agência de branding para ajeitar. Quando eu os conheci, estavam trabalhando com a versão 5.0 da embalagem, ilustrada com personagens coloridos que contam uma história divertida sobre a marca. Birch Benders [algo como "Torcedores de Bétula"], caso você esteja se perguntando, teve o nome tirado de uma coisa que Matt gostava de fazer quando era criança e morava no estado do Maine: torcer os galhos flexíveis de bétula, história que é contada nas embalagens.

PREÇO CERTO PARA O VALOR PERCEBIDO

Com o tamanho de suas embalagens, o casal experimentou e descobriu que as de 700 g não tinham boa saída. Foi quando eles diminuíram para 500 g, o que os possibilitou cobrarem mais barato, que as vendas decolaram.

Matt e Lizzi também testaram os preços. Como a empresa usa ingredientes de primeira, precisa cobrar mais do que as outras marcas do mercado. "O preço certo foi realmente importante", diz

Matt. As embalagens de 500 g das misturas especiais, como as sem glúten, *paleos* e ricas em proteína, são vendidas hoje por cerca de 5,99 no Whole Foods; enquanto outras misturas, como a de abóbora e a clássica, saem por volta de 4,99. Uma nova opção sem transgênicos, mas que não é orgânica, de 700 g, é vendida por cerca de 3,99 nos mercados.

Por vezes, todos os testes feitos pelo casal significaram que teriam de deixar outras coisas importantes de lado – como a viagem de lua de mel para o Monte Kilimanjaro, que estavam prestes a fazer quando eu os conheci. Isso foi 1 ano depois que se casaram, mas eles encararam a viagem como uma pequena inconveniência. "Poder acompanhar de perto nossas ideias e sonhos se tornarem realidade é uma grande recompensa", diz Matt.

SAIBA QUANDO TERCEIRIZAR PRODUÇÃO, PEDIDOS, ENTREGAS
Usando um empacotador, um fabricante que faz e já embala as misturas, o casal criou uma start-up muito enxuta e permaneceu assim até 3 anos após formarem a sociedade, chegando bem perto dos sete dígitos de receita. Como vários outros empreendedores milionários do ramo alimentício, eles descobriram que valia mais a pena usar um empacotador do que fabricarem as embalagens, porque não tinham as economias para crescer como os gigantes da indústria alimentícia. Desde então, o casal aumentou o negócio contratando cinco funcionários, e esperam contratar mais conforme crescerem. Para fazer isso, não estão mais apostando apenas no próprio dinheiro; eles levantaram capital de risco da Boulder Food Group e outros investidores em duas rodadas de financiamentos.

Lizzi e Matt nunca pensaram em fabricar o produto sozinhos, o que seria um trabalho enorme. Desde o começo, planejaram contratar uma empresa parceira, diz ela. Mas encontrar uma que fizesse pequenos lotes de mil pacotes foi um desafio. Quando Lizzi ligou para empresas no país inteiro, "a maioria riu na minha cara", diz. Depois de trabalhar inicialmente com uma empresa local, eles mudaram para outra, maior, na Califórnia, que realmente acreditava na marca deles e teve paciência o suficiente para fazer lotes menores por vários anos. Mais tarde, eles incorporaram outra fabricante, localizada em Chicago, para dar mais relevância ao negócio, como uma garantia. Na indústria de alimentos embalados, a margem de lucro padrão – depois de pagar por ingredientes, custos de embalagem e transporte – é de 40%. "Queríamos ir além dos 40%, mas isso exigiu muita pesquisa", Matt acrescentou. Uma coisa que ajudou a aumentar a margem de lucro foi ter acesso ao grosso dos ingredientes conforme a empresa crescia.

Com o negócio das panquecas decolando, o casal está de olho em novos produtos. "Estamos trabalhando em outras coisas além de panquecas", diz Lizzi.

AMPLIE O QUE DER CERTO

Quando se começa um negócio, as primeiras vendas feitas podem parecer um tipo de milagre, especialmente se você nunca teve essa experiência antes. Mas, se continuar a vender, vai perceber que não se trata de acaso ou sorte de principiante; é provável que você esteja fazendo algo do jeito certo. Quando descobrir o que é, ampliar o que está funcionando bem ajuda a aumentar sua renda, mesmo sem contratar outros funcionários. Há muitas formas de se fazer isso.

ANUNCIAR NAS MÍDIAS SOCIAIS

Quando Paul Hedrick, o fabricante de botas de caubói, começou a atrair um fluxo constante de clientes para seu site Tecovas, ele passou a investir em anúncios pagos no Facebook e no Google, para construir a presença on-line de sua loja. Apesar de, no início, gerenciar pessoalmente as campanhas publicitárias, Paul acabou contratando um consultor especializado em mídias sociais para atrair ainda mais clientes. Isso reduziu o risco de pagar por anúncios inúteis ou que não atraíam muita gente. "É melhor usar uma agência ou um consultor até poder pagar por um especialista para fazer isso na sua empresa", diz Hedrick.

USE UMA GRANDE LOJA VIRTUAL

Alguns empreendedores milionários descobrem que podem impactar mais ao marcar presença numa grande loja virtual. Foi o que fez Kelly Lester, fundadora da EasyLunchboxes. Ela começou tentando vender marmitas em seu próprio site e teve sucesso atraindo clientes, mas percebeu que fazer uma parceria com um site maior a ajudaria a crescer mais rapidamente. O que a ajudou mais, portanto, foi a união com o mesmo programa de vendedores da grande loja virtual, que instantaneamente colocou Kelly em contato com milhões de clientes. Assim, ela descobriu que aquilo que melhor funcionava, no caso dela, era investir nisso, em vez de usar o serviço de pedidos do próprio site.

ESCOLHA AS COMUNIDADES ON-LINE CERTAS

Se quer construir um negócio individual milionário, as mídias sociais podem ser uma ferramenta poderosa se você souber como usar. Empreendedores milionários estão sempre atentos e entendem quais plataformas seus clientes usam e valorizam de verdade, dedicando-se àquelas que trazem o melhor retorno ao investimento de tempo e dinheiro.

Isso pode exigir certa experimentação e pensamento estratégico de sua parte. Se você fizer, por exemplo, uma promoção no Facebook e conseguir atrair muitos clientes, mas que todos esses novos clientes sejam apenas "caçadores de promoções", e que aparecem uma única vez para pegar o desconto que lhes foi oferecido, então é melhor tentar outros meios. Se você, ao contrário, mira clientes com mais grana, pode ser que seu público ideal esteja em uma comunidade que reúna entusiastas da aviação ou amantes de bons vinhos. Você só poderá chegar a alguma conclusão se testar as plataformas para ver quais são as mais eficientes para sua ideia de negócios. Perguntar a seus contatos sobre quais sites eles mais gostam pode também apresentar novas plataformas que você não considerou ainda.

Quando você tiver uma noção mais clara de quais plataformas melhor se adequam à sua necessidade, concentre suas energias em apenas uma ou duas delas. Estabelecendo uma presença ativa e postando conteúdo com frequência, você vai, aos poucos, construir uma presença forte e consistente para sua marca – a partir de um diálogo ativo com clientes e *prospects*.

CONSTRUA RELACIONAMENTOS COM OS INFLUENCIADORES DIGITAIS

Usar as redes sociais ajudou Kelly Lester a aumentar o alcance de sua mensagem de várias formas. Quando ela começou o EasyLunchboxes, frequentemente explorava as ferramentas de busca para encontrar menções a serviços de marmitas e lancheiras, com o intuito de saber quais marcas tinham uma presença mais relevante na internet. Ela descobriu que as marcas que apareciam no topo das pesquisas do Google frequentemente eram mencionadas em blogs independentes. "Aprendi que se você consegue ter menções nas mídias sociais, o

Google as reconhece", diz ela. Isso, por sua vez, possibilita um lugar de destaque nas páginas de busca.

Depois de ver quão importante era ser mencionada por blogueiros, Kelly empenhou-se em atrair a atenção deles. "Comecei a me conectar com esses influenciadores de forma direta, amistosa, mas não empresarial", diz ela. "Escrevi para eles como uma mãe; e se, de fato, gostassem do blog, dizia coisas como: 'Ei, adoro suas fotos. Sua família é linda. Eu gostaria que você avaliasse minhas marmitas. É o tipo de coisa que você consome?' Eu entrava em contato com eles de forma pessoal."

Esse enfoque funcionou para o negócio de Kelly e enriqueceu sua vida. "A maioria dos blogueiros com quem trabalhei fica contente e impressionada com o fato de que o dono do que eles acreditam ser uma grande empresa – mesmo sendo só eu em minha toca – está de fato se comunicando com eles", diz Kelly. "Fiz amizade com vários desses influenciadores a quem mandei mensagens. Eles continuam a apoiar a EasyLunchboxes e a divulgar meus produtos. Isso se multiplicou, formou uma rede."

CRIE CONTEÚDOS VISUAIS NAS REDES SOCIAIS
O mundo da mídia social está sempre mudando, e isso é importante de se acompanhar. Apesar de muitos blogueiros que Kelly conhece ainda postarem regularmente tópicos relevantes, incluindo marmitas, alguns desaceleraram. "Com o Instagram e o Pinterest, muitas pessoas estão cortando os textos e partindo direto para fotos e para comentários", diz a empreendedora.

Aproveitar ao máximo as mídias sociais dos influenciadores ajudou Kelly a se autopromover. Mães cozinheiras frequentemente postam fotos no Pinterest ou no Instagram das marmitas fotogênicas que elas preparam; Kelly, por sua vez, compartilha essas fotos em sua página. "Eu tive sorte", diz ela. "As pessoas tiram fotos do que estão comendo." Ela também vai atrás dos youtubers. Esses esforços fizeram com que Kelly se tornasse uma das maiores vendedoras de marmitas no grande site de e-commerce em que mantém sua loja.

Meghan Telpner também acha que os vídeos são uma ferramenta muito útil para seus negócios, o MeghanTelpner.com e a Academy of Culinary Nutrition (culinarynutrition.com). Depois de ficar doente numa viagem para um país da África, a moradora de Toronto, Canadá, recebeu um diagnóstico surpreendente: ela estava sofrendo da doença de Crohn. Meghan, agora com 37 anos, trabalhava com publicidade na época, mas teve de deixar seu emprego quando sua condição a impediu de trabalhar. "Eu fui a vários médicos e nenhum conseguia me ajudar", ela se lembra. "Eu tinha só 26 anos, e precisei me virar."

Essa experiência levou Meghan a iniciar uma jornada de estudos em nutrição holística, cujo aprendizado para controlar sua doença se deu de forma tão efetiva que, após várias mudanças na dieta e no estilo de vida, ela agora está livre dos sintomas. Nove anos atrás, deu início ao MeghanTelpner.com, um portal de informação sobre saúde e bem-estar, e há 3 anos lançou a Academy of Culinary Nutrition, que também se tornou um negócio de sete dígitos. A empreitada foi uma operação individual até 6 anos atrás, quando contratou uma assistente em tempo integral para ajudá-la.

Meghan começou seu negócio originalmente com a ideia de formar uma comunidade que se preocupasse com a alimentação, oferecendo diferentes aulas semanalmente, produzidas em sua minúscula cozinha. Na época, ela estava cortando o glúten e o leite de sua dieta, um verdadeiro desafio em um mundo de comida ultraprocessada com longas listas de ingredientes. Ela se concentrou em ensinar pratos frescos e saudáveis, que costumava dividir com seus amigos; dessa forma, as pessoas com dietas parecidas com a dela não precisavam sentir-se mal toda vez que jantavam com outras.

Conforme Meghan expandia seu site, atraía leitores com preocupações diferentes de saúde. "As pessoas estão despertando para o fato de que, enquanto sociedade, não estamos nos sentindo tão bem", diz ela. Decidida a manter seus seguidores bem informados, Meghan postava todos os dias, chegando a mais de dois mil posts. Ela, que tinha um diploma em marketing de moda, tornou o site divertido, postando fotos de si mesma com roupas antigas coloridas; fotos estilosas de seu marido nutricionista; receitas para fazer produtos de beleza naturais; e informações sobre práticas diversas, de ioga a saunas de infravermelho; tudo isso evitou que Meghan sofresse crises. Ao mesmo tempo, a empreendedora se debruçou sobre questões que eram importantes para ela: desde ingredientes para loção de bebê até o café da manhã que incluísse Nutella.

Buscando alcançar um público maior, Meghan colocou no ar sua primeira aula on-line, sobre sua dieta detox de três dias, no mesmo ano em que lançou o site. Cerca de duzentas pessoas se inscreveram, pagando 10 dólares. "Isso é incrível", disse para si mesma. "Essa foi minha introdução ao questionamento: 'como fazemos para alavancar isso?'."

Pouco depois, Meghan começou a filmar experiências culinárias em sua cozinha e logo começou um canal no YouTube. "Meus primeiros vídeos eram tão vergonhosos", diz ela. "Eu fazia tudo sozinha. Era eu, e mais ninguém, na cozinha." Mas, com o tempo, tornou-se cada vez melhor com os vídeos. Com entusiastas da vida saudável ao redor do mundo e outros fãs entrando em contato para pedir dicas, Meghan criou um programa de tutorial em vídeos. Um tempo depois, começou a Academy of Culinary Nutrition on-line, oferecendo aos estudantes um certificado quando terminavam o programa. O valor do módulo varia de 1.850 a 3.600 dólares. Até dezembro de 2016, mais de 1.100 alunos haviam se formado em 43 países.

Enquanto isso, para divulgar ainda mais sua mensagem, Meghan começou a escrever livros. Quatro anos atrás, ela publicou um chamado *UnDiet: Eat Your Way to Vibrant Health* [Não Dieta: Coma para ter uma saúde vibrante]. E escreveu outro chamado *The UnDiet Cookbook* [O livro de receitas da não dieta], 2 anos depois. Cada passo que Meghan dá contribui para espalhar a mensagem positiva e inspiradora sobre cuidar da saúde e do bem-estar.

CONSTRUA UMA RENDA PERMANENTE

Um dos maiores desafios para criar um negócio individual de sucesso é chegar ao ponto onde você pode viver só da renda que o negócio proporciona, para não precisar fazer outros trabalhos. Isso pode levar um tempo. Mas e se você não puder esperar porque não tem emprego e precisa de um ganho de tempo integral para se sustentar, ou por ter uma família que precisa do dinheiro? Viver do que ganha com seu negócio é com certeza possível, mas será preciso descobrir como fazer o dinheiro fluir mais rapidamente.

FALE COM UM CONTADOR PARA PEQUENOS NEGÓCIOS

Uma parte da construção do tipo de negócio que pode garantir seu sustento é achar um bom contador, de preferência, um que trabalhe com pequenas empresas. E como você pode encontrá-lo? Pergunte a outros empresários se eles têm uma indicação de alguém em quem confiam. De preferência, encontre alguém que more em sua cidade e que possa conhecer você e seu negócio. Jeffrey Rinz, intermediário de equipamentos industriais que você vai conhecer mais adiante, recomenda que você encontre um contador que também tenha um pequeno negócio. Sua contadora também é dona de duas ou três pequenas empresas. "Ela tem uma experiência real para falar", diz Rinz.

E como saber que você encontrou um bom contador? "O profissional de contabilidade deve fazer perguntas sobre seu negócio, escutar com atenção e responder ao que ele entende como suas necessidades", diz o contador Paul Gevertzman, sócio da Anchin, Block & Anchin, uma empresa de contabilidade na cidade de Nova York. "Você precisa de alguém que dedique tempo para pesquisar seu negócio e está preparado. Se ele se oferecer para revisar sua documentação de impostos e finanças e apresentar algumas sugestões, feche com ele, mas assine um contrato de confidencialidade antes."

Paul Gevertzman aconselha: depois da reunião, faça perguntas para acompanhar o trabalho do profissional e observe a velocidade e a qualidade da resposta. "Se ele não capricha nesses aspectos para fechar com o cliente, não espere um serviço excepcional quando já tiver fechado", diz ele. Seu contador ideal será alguém muito pontual que o lembre das datas de impostos a pagar, em vez de você precisar lembrá-lo disso. Alguém que você precise ficar sempre dizendo o que fazer, não importa quão eficiente ele seja com contas, vai acabar sendo mais um problema em sua vida.

Se você tiver sucesso em comandar um negócio individual de alta renda, com despesas enxutas, deverá ser lucrativo – e você pagará impostos por esse lucro. Se seu negócio for bem-sucedido, sem o trabalho de um bom contador, você pode não conseguir reter muito do que arrecada, o que pode impedi-lo de reinvestir no negócio. Um bom contador vai ajudá-lo a informar-se sobre as deduções que você deverá fazer. "Você conhece seu negócio, mas há muitas coisas de que você pode não ter consciência", diz Paul. "Se você perder muito tempo tentando pesquisar tudo sozinho, vai desperdiçá-lo para aumentar seu negócio."

Conforme a receita aumenta, você também precisará de um profissional para aconselhar sobre a estrutura ideal da empresa para minimizar os impostos. Muitas pessoas abrem microempresas individuais (MEIS) porque é mais fácil. Porém, conforme a renda cresce, às vezes faz sentido migrar para uma EIRELI (Empresa Individual de Responsabilidade Limitada). Apesar de haver mais burocracias nos registros para manter o *status* de empresa, muitos empresários percebem que isso pode significar economia nos impostos. É melhor ter aconselhamento nisso antes que seja tarde, sobretudo caso sua empresa cresça rapidamente. "Foi a melhor jogada que eu fiz", diz Jonathan Johnson, que deixou de ser MEI há 3 anos. Apesar de ter sido um desafio no ano em que ele fez as mudanças, por causa da papelada e dos custos embutidos, declara: "Isso fez realmente a diferença".

Dominar o lado financeiro do seu negócio pode ser um pouco assustador, se você é do tipo mais criativo ou visionário. A boa notícia é que você não precisa lidar com tudo de uma vez. Quando se está no começo, com apenas alguns clientes, o lado financeiro das coisas é bem tranquilo. Além disso, há muitos softwares excelentes, baratos, armazenados em nuvem, que podem manter suas finanças organizadas. E se você realmente não puder lidar com nada disso, é fácil achar um contador para resolver o seu problema pedindo indicações a outros pequenos empresários.

O PODER DO FLUXO DE CAIXA

Para construir uma renda estável, você precisa estabelecer um bom fluxo de caixa em seu negócio. Se não consegue fazer isso, também não conseguirá pagar suas contas ou tirar dinheiro de sua empresa quando precisar.

Dominar o fluxo de caixa pode ser difícil, considerando que você possa fazer parte de uma área na qual não é pago imediatamente. "Uma enorme porcentagem de pequenos negócios termina em algum tipo de crise financeira nos primeiros anos de vida", diz Dave Kurrasch, ex-vice-presidente de um banco norte-americano e presidente da consultoria Global Payments Advisors em Scottsdale, no estado do Arizona.

Muitos novos empresários não conseguem compreender por inteiro que renda e fluxo de caixa não são a mesma coisa. Em vários casos, se emitir a fatura por trabalhos feitos, você pode não receber pelos próximos trinta dias ou mais, ele aponta. Nesse meio-tempo, é preciso pagar as contas. "Se você precisa desesperadamente de dinheiro para pagar sua equipe ou sua conta de luz, essa diferença de trinta dias pode ser muito prejudicial", diz Dave Kurrasch.

COMO AUMENTAR SEU FLUXO DE CAIXA Saiba qual será sua posição e antecipe seus passos.

Planeje com antecedência de seis a doze meses A maioria dos empreendedores tende a ser exageradamente otimista. Então, aprenda a usar ferramentas de previsão no seu software de contabilidade para descobrir quanto dinheiro realmente existe e de quanto você vai precisar para pagar pelos custos planejados, como compra de novos equipamentos e benfeitorias que você gostaria de fazer.

Se não tem tempo, peça a seu contador para fazer isso. Será um dinheiro bem gasto. "Pequenos empresários ficam tão ocupados administrando seus negócios que eles não pensam com três ou quatro meses de antecedência", diz Kurrasch. "Eles só pensam em viver um dia de cada vez." Porém, isso os coloca numa posição de desvantagem quando se trata de sobreviver. "Qualquer um que começa um negócio deveria fazer certo planejamento", diz ele. Isso deveria incluir uma previsão de seis a doze meses do fluxo de dinheiro que terá passado pelo seu trabalho. Se você vende camisetas, isso significa saber quantas camisetas você poderá vender, qual a renda possível de se alcançar e quando vai conseguir esse dinheiro. Isso vai responder se você pode pagar pelo novo estoque de camisetas agora ou se precisa esperar um pouco.

Encontre formas de acelerar pagamentos Quando você está ocupado, é fácil deixar as notas passarem, mas isso é perigoso para a sobrevivência do negócio. É possível melhorar muito o fluxo de caixa se você estabelecer uma disciplina de emitir notas, cobrar pagamentos e administrar a conta, diz Dave Kurrasch. "Se puder mandar notas para o cliente com frequência e a tempo, você se sai melhor", completa.

Adiar a emissão da fatura por até uma semana porque você está ocupado pode deixá-lo num aperto. O período de pagamento de seu cliente começa na data da nota.

Para ser pago mais rapidamente, considere usar uma ferramenta que permita aceitar pagamentos com cartões de crédito. Depositar cheques através de ferramentas de pagamento móvel, que permitem que você receba diretamente em sua conta, também acelera o fluxo de caixa. Alguns programas de emissão de nota também permitem que você aceite cartões de crédito ou pagamentos com débito automático da conta dos clientes.

Oferecer opções como aceitar cartão de crédito pode inspirar clientes que estão passando por problemas de fluxo de caixa a pagarem mais rapidamente, afirma Dave, mas você também precisa prestar atenção ao quanto as taxas de processamento afetam suas margens de lucro. As taxas de processamento para muitos cartões são de 2,5%. "Se você tem 2% de margem no seu negócio, cartões de crédito acabam com sua margem", nota Kurrasch. "Se seu negócio tem uma margem de 50%, vale a pena aceitar cartões para ser pago."

Pague suas contas mais lentamente Usar dinheiro para contas ou um cartão de débito esvazia sua conta bancária imediatamente. E se você recebe com prazo de trinta dias para pagar, não pague na primeira semana. Espere até estar perto da data-limite, mas sem o perigo de atrasar, exceto com fornecedores que dão descontos para pagamentos antecipados. Pagar suas contas com um cartão de crédito com uma taxa de juros baixos ou inexistente e até usar cheques pode dar mais tempo para cobrir as despesas do negócio. Quanto mais o dinheiro ficar na conta, melhor você fica.

Reduza sua necessidade por estoque Se você administra uma loja virtual ou outro tipo de vendas, evite manter um estoque. Uma forma de fazer isso é recorrer a *drop shippers*. Quando usa um *drop shipper*, não é preciso manter os produtos em estoque ou preencher pedidos. O *drop shipper* faz isso. Por exemplo, Jonathan Johnson, o empreendedor que você conheceu no capítulo 4 e que vende equipamentos de segurança, usa *drop ship* em cerca de 90% do que vende. Isso o ajudou a aumentar seus negócios na ordem de 2,8 milhões de dólares de receita sem precisar fazer um grande investimento para manter seus produtos estocados num depósito.

Mantenha reserva de caixa Uma recente pesquisa realizada pela ONG Prosperity Now,[10] sobre as vulnerabilidades financeiras de microempresas, descobriu que 55% das pessoas que tiveram empresas com cinco funcionários ou menos afirmaram que poderiam cobrir apenas um mês das despesas do negócio com suas economias –

---

10 WIEDRICH, Kasey. *In Search of Solid Ground: Understanding the Financial Vulnerabilities of Microbusiness Owners*. Abril de 2014. Disponível em: prosperitynow.org/resources/search-solid-ground-understanding-financial-vulnerabilities-microbusiness-owners-full.

e 30% não tinha economia nenhuma. Quando perguntaram a esses empresários como eles lidariam com um gasto emergencial de mil dólares, 41% afirmou que seria preciso recorrer a economias pessoais, e 31% respondeu que seria preciso pegar emprestado de um cartão de crédito pessoal. Alguns, ainda, operavam em constante risco: 15% afirmou que não poderiam cobrir essa despesa de forma alguma. Não se permita chegar a esse ponto. Ao manter fundos para emergências, mesmo que isso signifique aumentar o negócio mais lentamente, você poderá financiar seu projeto – e seu padrão de vida, não importa a surpresa que a economia traga.

USE MARKETING DIGITAL PARA CRIAR VENDAS DIÁRIAS

Geralmente, há duas maneiras de usar o marketing digital. Como Justin Goff, vários empreendedores milionários alcançam rapidamente um grande volume de vendas dominando o marketing de "pay-per-click" ou outros tipos de marketing digital – ou contratando alguém que domina – para gerar muitos negócios. Mas se você optar pelo marketing digital, esteja seguro de que ele tem a capacidade de atender à demanda que vai gerar ou que pode levantar o dinheiro para contratar fornecedores ou terceiros para ajudar. Do contrário, seus esforços não vão produzir o resultado esperado. Ainda, se circularem reclamações nas redes sociais, você poderá não ter uma segunda chance de ganhar a confiança dos clientes.

ESCOLHA UMA DAS DUAS COISAS: ALTO VOLUME DE VENDAS OU PREÇOS *PREMIUM*

Se você não administra o tipo de negócio que se presta a um alto volume de vendas, então provavelmente precisa encontrar uma forma de cobrar preços altos, talvez aumentando suas diárias. Esse enfoque pode funcionar bem em prestadoras de serviços para empresas. Um coach de sucesso que entrevistei certa vez aumentou aos poucos suas taxas no decorrer dos anos. Ele começou cobrando 10 mil dólares por dia por uma imersão de coaching. Quando descobriu que havia muita procura, começou um programa de coaching que durava o ano todo, pelo valor de 250 mil. (Seus clientes eram empresários bem-sucedidos com rendas consideráveis.)

Claro, você só vai poder cobrar valores de ponta se entregar serviços e resultados muito melhores do que seus concorrentes. Além disso, será preciso chegar até clientes que não apenas querem o que você oferece, mas que também têm orçamento para pagar seus valores.

PREÇO ALTO, LUCRO ALTO

Outro jeito de criar uma renda estável rapidamente é vender itens lucrativos de alto valor. É o que faz Jeffrey J. Rinz, 58, vendedor veterano, como representante internacional de equipamentos industriais. Jeffrey passou o começo de sua carreira sendo gerente e diretor de vendas internacionais em empresas nos Estados Unidos. Mas, 30 anos atrás, ele se cansou da vida corporativa e começou a foodWorks, uma empresa em Cary, na Carolina do Norte, que projeta, vende e instala equipamentos para grandes fábricas de processamento de alimentos. "Sempre admirei pessoas que constroem sua própria liberdade, sua própria renda, e não são dependentes dos outros", ele me disse. Na época, havia pouco apoio para apostar em um lance desses. "Comecei quando não era moda trabalhar sozinho", conta Rinz. "Não era tão comum. Agora é."

Graças às comissões que ele ganha com seus talentos em vendas, sua empresa, com frequência, chega aos sete dígitos de receita, dependendo do ano. Jeffrey administra a empresa de casa, que fica em Raleigh, com a ajuda de sua esposa e de alguns fornecedores que trabalham a distância, como o controlador. Pai de dois filhos, um no ensino médio, outro na faculdade, Jeffrey afirma que nunca mais poderia voltar à vida corporativa, em vista da liberdade que seu estilo de vida proporciona.

"Eu pude ver meus filhos crescerem. Se minha esposa e eu queremos viajar em plena quinta-feira, simplesmente viajamos. Não precisamos pedir permissão para ninguém." E isso faz todo o tempo dedicado a encontrar o negócio certo valer a pena.

Lembre-se, seu objetivo é conquistar – e manter – a independência financeira. Segundo Jeffrey, "há um ponto ideal para cada pessoa. O meu é exatamente onde estou. Ele me proporciona boa renda, flexibilidade e liberdade". Isso tudo também pode ser possível para você, se tiver a mentalidade certa.

COLOQUE OS SISTEMAS CERTOS NO LUGAR CERTO, PARA CRESCER

Se deseja alavancar seu negócio a um ponto em que ele sustente seu padrão de vida ideal ou em que você chegue a contratar uma equipe, você vai precisar estabelecer sistemas para alavancar seus esforços e obter sucesso. Quanto mais você pensar nos detalhes, desde o início, mais fácil será para dar a seu negócio o modelo certo e aumentar rapidamente sua renda.

Scott Paladini, 37, é mestre nisso. Seu pai administrou a Rockaway Bedding, uma rede de lojas de colchões, enquanto Scott crescia em Nova Jersey. Anos mais tarde, em uma loja sua em Bernardsville, também em Nova Jersey – que hoje não existe mais –, Scott aprendeu alguns macetes. Em vez de focar no produto convencional e no modelo de varejo, Scott Paladini se baseou no que absorveu sobre a indústria dos colchões e criou um negócio de 2 milhões de dólares, administrado em um loft em Hoboken. Depois de alcançar 2 milhões de dólares, contratou seu primeiro funcionário, e desde então precisou contratar outros dois. "O negócio toma vida própria", diz ele. "Não dá para você pensar: 'Quero vender só até chegar a 2 milhões'."

A busca de Scott Paladini teve início em 2014, quando ele começou a pesquisar e a desenvolver formas de se fazer negócios on-line na indústria de colchões. Scott percebeu que havia uma oportunidade de se juntar à competitiva indústria de camas, em que colchões são comprimidos em caixas bem pequenas e vendidos on-line. Para ter ideias, estudou publicações como a *Practical Ecommerce*.

CRIE UM PRODUTO OU SERVIÇO QUE POSSA ALAVANCAR

O truque para entrar na briga, Scott percebeu, era criar uma cama de alta qualidade, feita inteiramente de espuma, que pudesse ser comprimida numa pequena embalagem e enviada a custos baixos. Trabalhando com uma fábrica que ficava em Newnan, na Georgia, ele desenvolveu um colchão confortável e robusto o bastante para atrair um fluxo constante de clientes. Para tornar seus colchões mais atraentes, Paladini os cobriu com Celliant, uma fibra especial feita para converter o calor natural que provém dos corpos de cada um de nós em energia infravermelha avançada (um alcance do espectro da radiação eletromagnética). Segundo o empreendedor, são ondas leves de calor, com boas propriedades para a saúde do consumidor – em especial em promover rápida recuperação após exercícios. "Um colchão não é só uma mercadoria", Scott me disse certa vez. "No final das contas, você passa muito tempo de sua vida em uma cama."

Com a Bear Mattress, lançada há 2 anos, Scott Paladini concentrou o marketing em pessoas que têm um estilo de vida ativo –

grupo do qual ele faz parte – e procuram uma boa recuperação dos músculos durante a noite. Paladini costuma correr duas vezes na semana e medita diariamente. "Adoro a liberdade que meu negócio me traz", ele revela.

INCENTIVE A PRODUÇÃO DE RESENHAS DE FEEDBACK DA MÍDIA E DOS CONSUMIDORES

Para fazer as vendas decolarem, Scott Paladini enviou amostras para sites especializados em resenhas de colchões, ao custo de cerca de 10 mil dólares por ano. Os sites gostaram. Um ponto que ajudou na venda foi o preço de seu produto. Sem as despesas de uma loja ou de intermediários, ele conseguiu manter os custos baixos. Um colchão de casal padrão custa 500 dólares, um queen size sai por 850, e o king size é vendido por 950.

Inicialmente, Scott tinha esperanças modestas para o negócio. "Nós achávamos que obter meio milhão em vendas seria um ótimo ano." Mas já em seu primeiro ano, as vendas decolaram, e ele chegou aos 2 milhões de receita. Como colchões vendem tão rápido? Uma das razões foi a empolgação dos clientes. A Bear Mattress conquistou rapidamente cerca de mil resenhas on-line, todas com cinco estrelas. Paladini montou um sistema automatizado para incentivá-las, enviando aos clientes e-mails com convites para avaliações.

REMOVA AS BARREIRAS PARA A COMPRA

Scott Paladini se deparou com alguns grandes obstáculos em sua trajetória. Um deles está na maneira como as pessoas costumam comprar colchões: "As pessoas sempre vão para uma loja de colchões testá-los". Para superar o medo de comprar um colchão que os consumidores não pudessem experimentar antes de finalizar a compra, Paladini desenvolveu um sistema que diminuísse a apreensão. A seus clientes, ele oferece um período de teste de cem dias, com a garantia de 100% do dinheiro de volta se não gostarem do produto, além da garantia de 10 anos. Segundo ele, "apenas uma minúscula parcela de clientes devolveu os colchões". A empresa doa todas as devoluções para projetos de caridade ou manda para uma empresa que recicla colchões.

TRANSFORME AS VENDAS EM UMA PARTE DO SERVIÇO DE ATENDIMENTO AO CLIENTE

Para aumentar o que ele poderia fazer sozinho sem acrescentar folha de pagamento, Scott montou um call center digital, usando um provedor chamado Talkdesk para atender às ligações dos clientes. "O call center on-line facilita o atendimento ao consumidor onde quer que se esteja", afirma Scott Paladini. "Eu poderia estar na minha casa de praia e atender às ligações." Agora, com um funcionário bem treinado para o atendimento, ele delegou a tarefa. "O custo mensal do call center é mínimo."

INVISTA EM RELAÇÕES PÚBLICAS E MARKETING DIGITAL

Scott também contratou uma empresa de relações públicas e uma equipe de marketing digital para auxiliá-lo na divulgação do produto e investiu em anúncios de rádio digital e podcasts. Ao contrário de tentar se tornar um especialista em comprar esses anúncios, ele aposta numa agência que faz esse serviço. Há muitas disponíveis on-line; peça a seus colegas empresários uma boa recomendação.

Agora, o empreendedor chegou a um ponto em que seu negócio cresce mais rápido do que ele poderia ter imaginado. Mas Scott tenta não perder o rumo. Sua estratégia para o sucesso é se fazer uma pergunta diária: "Hoje, o que eu posso fazer de diferente para vender mais camas do que vendi ontem?". "Você não vai aumentar as vendas de um produto de um para mil de um dia para o outro. Meu objetivo é criar um negócio no longo prazo que acrescente valor à sociedade." Com o foco em criar um negócio sustentável e lucrativo, Paladini foi capaz de evitar as diversas armadilhas comuns ao gerenciar uma start-up bem enxuta. Enquanto isso, "a marca cresceu de forma consistente mês após mês".

Na sequência, você vai descobrir como escapar de algumas armadilhas que podem derrubar empreendedores e construir um negócio que possa manter pelo tempo que quiser.

5
BUSQUE CONHECIMENTO

Matt Friel, 32, começou a jogar videogame aos 5 anos de idade, quando sua mãe teve a ideia de que a prática poderia ajudar a desenvolver seu lado motor. Mais tarde, quando a família se mudou do Michigan para o Arizona, ele encontrou nos games um refúgio ideal para o calor escaldante. Isso fez Matt ter uma nova paixão. Seus pais não tinham ideia de que seu amor pelos jogos da Nintendo (especialmente os do Mario) iriam levá-lo a administrar um negócio individual que, em 2016, lhe trouxe 3,6 milhões de dólares de receita anual. O empreendedor administra seu negócio de sua casa, próxima a Detroit, em Novi, Michigan, onde ele vive com sua esposa e seus dois filhos pequenos.

Matt surgiu com a ideia de seu negócio, a Game Deal Daily, quando era solteiro e vivia na casa de seus pais, que se mudaram de volta para o Michigan. Trabalhando em lojas de eletrônicos, enquanto cursava marketing na faculdade, Matt notou que essas lojas com frequência colocavam os videogames em liquidação. Ele achou que as pessoas que gostavam de jogos clássicos que não estavam mais disponíveis nas lojas os comprariam no eBay.

Mais tarde, quando cursava seu MBA, Matt decidiu que era hora de lançar seu próprio negócio. Ele começou a comprar caixas de videogames a preços promocionais em lojas especializadas, colocando-as, em seguida, à venda por preços mais altos no eBay. Ele reinvestia o que ganhava em mais jogos.

Conforme as vendas de Matt cresciam exponencialmente (de 15 mil dólares, em seu primeiro ano, para 40 mil no segundo e 80 mil no terceiro), ele decidiu que iria manter o negócio em tempo integral quando terminasse seu MBA. Arrumar um emprego convencional não o atraía. O empreendedorismo, por outro lado, parecia bem chamativo, porque permitia que Matt controlasse seu próprio futuro. "Eu nunca gostei da ideia de vender os produtos dos outros para que os executivos pudessem ficar ricos com isso", ele defende. "Não quero me tornar o instrumento de alguém."

SEU LABORATÓRIO DE NEGÓCIOS

Como Matt Friel partiu de 15 mil dólares ao ano para mais de 3 milhões? Muito do seu sucesso tem a ver com o fato de prestar atenção se seus métodos de administração do negócio estão funcionando, usando essa avaliação para mantê-lo em plena atividade enquanto protege o estilo de vida por ele desejado. Ao estar constantemente em busca de melhorias para seu negócio, disposto a fazer a sua própria pesquisa e mudanças, ele transformou cada obstáculo, desvio e erro numa oportunidade de encontrar formas melhores de fazer as coisas e aumentar sua renda.

A maioria dos empreendedores milionários transformam seus negócios em laboratórios vivos nos quais podem aprender continuamente a aumentar a receita e os lucros. Isso não é algo que se aprende na escola (mesmo que alguns tenham MBAs). Principalmente, eles recorrem à pesquisa de internet e a outros empreendedores que pensam parecido para encontrar formas de resolver os problemas que surgem.

"A chave é fazer perguntas de empoderamento", diz Lazlo Nadler, proprietário da empresa de *planners* Tools4Wisdom. Na visão dele, criar melhorias constantes significa cultivar uma curiosidade com propósito, perguntando a si mesmo: "Como posso fazer meu negócio crescer hoje? Quais são as empresas de sucesso que ocupam os 5% do topo da lista, e o que estão implementando hoje? E como eu posso implementar isso também?".

Não é uma questão apenas de copiar as estratégias de alguém no seu próprio plano de negócios, diz Lazlo Nadler. Ele se pergunta como pode customizar as ideias interessantes com que se depara. "Com frequência as respostas levam a estratégias imediatas para o meu negócio", comenta.

Lazlo aplicou essa maneira de ver as coisas em seu plano de marketing. Apesar de não usar infomerciais para vender seus *planners*, ele descobriu que são uma fonte extraordinária de informação. Regularmente, Lazlo transcreve infomerciais de sucesso para compreender por que eles são eficazes e se pergunta sobre sua relevância para poder aplicar na Tools4Wisdom. Ele observou, por exemplo, que "eles não estão dizendo a você, 'comprem, comprem, comprem'. Eles usam textos altamente seletivos".

Percebendo que muitos roteiros de infomerciais incluem uma lista de cinco benefícios dos produtos para deixar os consumidores empolgados a comprar, Nadler também incluiu essa lista em seus materiais de marketing. Porém, ele misturou as coisas, acrescentando duas perguntas nas listas, em vez de simples afirmações. "Tento deixar o consumidor intrigado", diz ele.

Essa forma de pensar pode ajudá-lo a contornar desafios que surgem em negócios individuais, enquanto você tenta alavancá-los sem muitas despesas. Aqui estão alguns dos obstáculos comuns e um olhar de como empreendedores milionários lidaram com eles. Como você verá, não há soluções prontas, mas há processos de raciocínio que podem ajudá-lo.

FOQUE NO TRABALHO CERTO

Se seus pais, professores ou antigos chefes lhe ensinaram que, para ter sucesso, é preciso trabalho duro e longas horas na sua mesa de escritório, desaprender essa mentalidade de mil novecentos e bolinha será um passo importante para se libertar e criar um negócio individual milionário. Alavancar um negócio individual de alta rentabilidade não é uma questão de se acorrentar ao notebook vinte horas por dia, enquanto você vive de energéticos cheios de cafeína. A questão é trabalhar com inteligência e estratégia.

Trabalhar com inteligência pode soar um conselho óbvio, mas é fácil se esquecer dele. Em um micronegócio que cresce rapidamente, tarefas pequenas, mas não praticadas de forma tão eficiente – como responder a e-mails de clientes ou enviar pacotes –, podem tomar conta facilmente de todas as suas horas, a não ser que você preste atenção a isso. Conforme o crescimento de sua start-up, você trabalhará sem parar e ficará sem energia para pensar claramente. "Isso pode consumi-lo, se você deixar", diz Friel.

Ele aprendeu a acabar com a perda de tempo da forma mais difícil. Enquanto milhares de fanáticos por videogames começaram a descobrir sua loja no eBay, ele precisava de mais material para colocar à venda. Este era um bom problema para se ter. Mas encontrar mais jogos começou a levar uma quantidade de tempo insustentável. "Havia dias em que eu dirigia por dez ou doze horas", diz Friel. Finalmente, ele se exauriu e percebeu que havia levado esse método ao seu limite. "Você não pode realmente escalar em um negócio dessa maneira, a não ser que queira viver em seu carro."

ELIMINE, AUTOMATIZE, DELEGUE, PROCRASTINE Para manter sua mente e agenda limpas, Lazlo Nadler usa um método que batizou de "Eliminar, automatizar, delegar e procrastinar". Ele busca continuamente novas formas de evitar fazer coisas que não importam, automatizando processos repetitivos e trabalhosos e terceirizando parte do trabalho. "Há tantas distrações que nos puxam", diz ele.

Isso significa ser honesto consigo mesmo sobre como está gastando o tempo. "Tenho um funil com o qual faço uma análise do que é meu fluxo de trabalho", comenta Lazlo. Aqui estão as perguntas que ele se faz:

- ➤ O que posso eliminar?
- ➤ O que posso terceirizar?

-----▶ O que posso deixar para depois?
-----▶ Para o que eu posso dizer não?

Esse método também pode funcionar para você. A chave é ser disciplinado ao agir de acordo com suas respostas.

Com frequência, a resposta para situações como essa é fazer pesquisas, algo que vai lhe custar tempo, mas não dinheiro, em vez de se resignar a lutar contra o trânsito em sua cidade ou contratar alguém para fazer a mesma tarefa ineficientemente. Matt Friel começou a pesquisar na internet ideias para encontrar material de forma mais eficiente. Usando o LinkedIn, ele acabou chegando a alguns dos maiores vendedores de videogame do eBay, solicitando-lhes conselhos. Ao fazer isso, ficou sabendo que alguns deles também eram distribuidores. Matt começou a comprar os games deles em grande volume com desconto, livrando-se da obrigação de passar horas no carro. Isso permitiu que ele recuperasse o foco em aumentar o negócio.

Matt usou o mesmo método para enviar os games. Durante os primeiros anos administrando o negócio, ele embalou e enviou cada pedido; era entediante, mas Matt superou isso antes do previsto. Isso mudou quando centenas de clientes começaram a fazer pedidos. A remessa passou a consumir todo o seu tempo, especialmente perto do Natal, quando metade da meta de vendas foi cumprida.

"Foi uma loucura", diz Matt Friel. "Eu recebia mais de mil pedidos por dia. Eu estava destruindo meu casamento. Acordava e trabalhava até ir dormir. Trabalhava dezessete horas por dia tentando preencher todos os pedidos durante os fins de semana."

Matt não sabia como resolver a situação sem decepcionar seus clientes, então começou a pesquisar outras opções na internet. Isso o levou a mudar sua loja do eBay para um gigante do e-commerce cujo serviço de atendimento era administrado por esse site. Friel passou a enviar seu estoque para um depósito gerido pela empresa, que preenchia seus pedidos para a maioria das vendas. O site, por sua vez, ficava com cerca de 35% de cada venda.

"É uma bela garfada", diz Matt. Mas ele vê muitos benefícios. "É um trabalho muito menos manual para mim, e eles o divulgam mais se você mantiver suas mercadorias no depósito deles e autorizar que eles aceitem os pedidos por você", comenta. Além do mais, mantendo a maior parte do seu estoque nos depósitos do site, Matt tinha mais espaço para armazenamento em seu depósito de trezentos metros quadrados, eliminando a necessidade de alugar mais espaço – uma economia substancial.

Mas ainda havia trabalho que Matt precisava fazer antes de enviar seus jogos. Para embalar e colocar códigos de barras em seus produtos – algo que também fazia manualmente no começo –, ele recorreu a Cassell and Associates, um serviço de saúde ocupacional que contrata sobreviventes de acidentes com danos cerebrais para fazer essa tarefa enquanto se recuperavam. "Isso costumava ser algo que levava muito tempo: esses processos repetitivos que não se utilizam de minhas habilidades mais singulares", diz Friel.

Sem tarefas como essas emperrando sua agenda, Friel tem muito tempo para brincar com seus filhos, competir num time de futebol com sua esposa e jogar basquete com seus amigos duas vezes por semana – atividades que recarregam sua bateria. Apesar de adorar videogames, ele só joga uma ou duas vezes ao mês. Afastar-se de uma tela dá a Matt a distância necessária para continuar melhorando o negócio – e ele e sua família podem aproveitar a liberdade que surge com uma vida confortável.

Há muitas formas criativas para extinguir desperdícios de tempo de seu negócio – e novas soluções surgem a todo momento.

Num negócio individual milionário, não há jeito certo de fazer as coisas. O que funciona para outros empreendedores pode não funcionar para você. Priorize sempre pesquisar ferramentas que vão ajudá-lo a ser cada vez mais eficiente.

A persistência recompensou Allen Walton, o proprietário da SpyGuy. Como Matt, Allen também descobriu, no primeiro ano, que, ao enviar os produtos, ele perdia muito tempo. Através de pesquisas, encontrou um serviço on-line, o ShippingEasy, que tirou esse peso de suas costas. Quando alguém faz um pedido no site de Walton, o site manda automaticamente o pedido para a ShippingEasy. Eles, então, notificam seus fornecedores. Como Walton programou os pesos e tamanhos de todos os seus produtos na ShippingEasy, os vendedores podem colocar o item na caixa certa. A ShippingEasy automaticamente gera uma etiqueta de envio para mandá-los aos clientes. Ao eliminar o trabalho que ele ou um funcionário teriam, Walton ganhou tempo e dinheiro que ele agora pode dedicar ao crescimento.

"Quero me tornar uma empresa de 10 milhões de dólares", diz Walton. "Preciso gastar tempo em atividades em que eu possa aumentar meus negócios exponencialmente."

ENCONTRE AJUDA DE CONFIANÇA

Não importa quão bom você seja em fazer novos negócios, seu crescimento vai empacar se não construir a equipe certa. Não importa necessariamente se você opta por fornecedores ou vendedores externos. O que importa é encontrar gente em quem você possa confiar para fazer um ótimo trabalho e que ajude seu negócio a crescer.

Lazlo Nadler está sempre em busca de novas formas de terceirizar o trabalho com fornecedores e automatizar processos repetitivos e trabalhosos. Há muitas plataformas on-line em que você pode encontrar esses fornecedores e testá-los, pedindo que façam uma pequena tarefa para ver se gosta da qualidade de seu trabalho; e eles podem atender a outros pedidos seus, como fazer entregas com prazo. Ou você pode simplesmente procurar alguém que esteja disponível em seu círculo social. Por exemplo: uma vez, quando Lazlo saiu para jantar com sua família, achou uma mulher que poderia ser a modelo perfeita para as fotos de *lifestyle* do seu site.

O mesmo se aplica aos fornecedores. Para avaliar o texto e o design de seu site, Lazlo recorreu a um site chamado Splitly para aplicar o teste A/B sobre o que os clientes preferem. Isso poupou horas de trabalho manual. Lazlo Nadler descobriu que a pequena equipe do site oferece boas dicas para as questões que estava tentando responder sozinho. "Não faz diferença o tamanho da sua empresa quando você tem o cérebro certo", ele afirma.

MANTENHA-SE INSPIRADO Uma forma de não se perder em meio aos aspectos triviais de comandar um negócio é permanecer em contato com o seu propósito na vida. Para alimentar sua criatividade, permanecer focado e conectado ao motivo de fazer o que faz, Lazlo, como muitos empreendedores milionários, lê de maneira voraz.

Aqui estão algumas das leituras preferidas de Lazlo que são constantes fontes de inspiração:

-----▶ *Essencialismo: a disciplinada busca por menos*, de **Greg McKeown**
"Esse livro ajuda a transformar seu foco, desde tentar conquistar tudo a selecionar seu 5% e guardar o resto até você conquistar sua prioridade número 1."

-----▶ ***Em busca de sentido*, de Viktor Frankl**
"Frankl é um sobrevivente de Auschwitz que perdeu tudo e, com essa experiência, trouxe a logoterapia (uma forma de terapia baseada na crença de que a busca de significado é o maior motivador humano). Quando você tem um motivo forte em sua vida, qualquer caminho é justificado."

-----▶ ***Brain Pickings* (brainpickings.org)**
Nadler encontra muita inspiração criativa nesse "registro de coisas interessantes", que publica sobre arte, poesia, ciência e outros assuntos distantes do mundo dos negócios.

Guia do teste A/B Se você administra um negócio que depende de clientes on-line, é importante saber o que faz com que cliquem em certas páginas e certos links de seu site, além de fazer o que você quer que eles façam, seja comprar, assinar ou participar da sua campanha de mídia mandando uma foto. Saiba que sua intuição pode não estar sempre certa sobre a que as pessoas realmente respondem. Perguntar diretamente aos visitantes do que eles gostam e não gostam pode ser igualmente inútil. Os visitantes de seu site podem não ser sinceros se, por exemplo, ficarem com vergonha de admitir que clicam em determinado conteúdo.

As ferramentas de análise de seu site vão permitir que você escolha quais páginas são as mais acessadas, quais atitudes os visitantes tomam diante dele, ou que caminho seguem – e saber tudo isso pode ser imensamente valioso. Porém, algumas vezes, você pode querer saber como estão sendo as primeiras impressões sobre um novo design que você esteja testando.

É quando o teste A/B vem a calhar. Nesse teste, você pode, por exemplo, criar duas versões de uma página que planeja postar, disponibilizá-las ao seu público-alvo e descobrir qual funciona melhor nesse contexto. Você divide o trânsito entre esses dois designs.

Há muitas ferramentas para o teste A/B. Lazlo, por exemplo, gosta do Splitly (splitly.com). Outras opções incluem Optimizely (optimizely.com) e VWO (vwo.com). Tente várias opções – geralmente, há como fazer um teste grátis antes de você assinar qualquer um deles. A ferramenta de teste A/B só vai ajudá-lo se você *de fato usá-la*. Então, a não ser que seja bem versado em tecnologia, a melhor ferramenta pode ser a mais fácil e intuitiva para você.

Quando você entregar o trabalho, é importante ficar de olho em como os fornecedores estão se saindo. Se eles não cumprirem a parte deles, seu negócio vai ser prejudicado, e seus clientes podem não ser tão compreensivos. Pergunte a Justin Goff, o empreendedor de e-books do capítulo 3. Além de sua empresa de conteúdos digitais – que, você deve lembrar, vendia um plano de exercícios inspirado no exército –, ele criou um segundo negócio milionário. Essa start-up, uma loja virtual de suplementos de saúde chamada Patriot Health Institute, comercializava suplementos para auxiliar as pessoas a terem mais energia.

Usando o marketing do Facebook para ajudar a promover o negócio, Justin levou a lucrativa operação individual à receita de 1 milhão em apenas 1 ano. Um centro de atendimento terceirizado enviava os pedidos por ele. Mas Justin Goff acabou vendendo o negócio 1 ano depois de tê-lo lançado, já que ficou difícil demais acompanhar o serviço de atendimento ao consumidor. Quando busquei o Patriot Health Institute na internet, notei que havia várias reclamações de clientes; perguntei ao dono da empresa o que havia acontecido. Ele respondeu com sinceridade: "Um dos nossos maiores problemas, quando estávamos crescendo, é que éramos muito bons em conquistar novos clientes e fornecer bons produtos de que eles gostavam, mas não conseguíamos atender o consumidor. Tentamos fazer nosso serviço por e-mail, o que mais tarde percebemos que era um erro. Nosso mercado era formado principalmente por gente de 50, 60 e 70 anos. Grande parte desse mercado quer falar com alguém ao telefone". Apesar de a empresa passar a oferecer atendimento por telefone mais tarde, coordenado por uma empresa terceirizada, o empreendedor chegou à conclusão de que o serviço poderia ter sido melhor.

O objetivo inicial de Justin era manter seu negócio o mais enxuto possível, mas ele diz: "Nessa situação, o tiro meio que saiu pela culatra". Ele estima que, das quarenta mil vendas, o negócio recebeu cerca de sete ou dez reclamações. "No geral, o índice de reclamações foi bem baixo." Porém, reclamações on-line podem afetar o negócio mais adiante.

A experiência trouxe uma lição valiosa. Justin percebeu que, ainda que fosse um bom redator, soubesse como atrair gente para seu site e transformá-los em clientes, ele precisava aprender mais sobre operações e sobre como encontrar os talentos certos.

Justin se tornou sócio oculto em uma grande empresa de suplementos que já tinha o apoio e talento de que precisava. "Se eu quisesse transformar a minha empresa nessa de suplementos que já tinha um enorme sucesso, precisaria de infraestrutura e gente para me ajudar a fazer isso", diz ele.

Desde então, Justin migrou para novos desafios. Ele vendeu sua parte no negócio de suplementos mesmo quando os donos fizeram uma oferta tentadora para que ficasse com todas as ações. Ele se mudou para Austin, no Texas, onde o empreendedorismo está em efervescência, para buscar sua próxima oportunidade. "Estou certo de que vou alcançar algo além. Mas ainda não sei exatamente o que é." Tudo faz parte de um processo de aprendizagem para esse empreendedor em série, que continua encontrando formas de expandir seu conhecimento e melhorar o que faz.

6
IDENTIFIQUE E RECICLE SUA VISÃO

Quando Katherine Krug levantou dinheiro no Kickstarter para fabricar o BetterBack, equipamento que melhora a postura, esse foi apenas o começo de seu enorme sucesso. Ela logo apareceu no programa de TV *Shark Tank*, onde empreendedores apresentam suas ideias a investidores para levantar dinheiro; mas decidiu não pegar o capital de investimento que lhe foi oferecido. Mesmo assim, a publicidade ajudou seu negócio a crescer. Com tudo isso, em seus 365 dias de negócios, Katherine trouxe 3 milhões de dólares de receita. Ela agora trabalha num produto da próxima geração.

Conforme Katherine aumenta seu negócio, ela continua a responder a uma pergunta importante: "Qual é minha visão para a BetterBack – e para a minha vida –, e como eu a conquisto?". Para alguns empreendedores de start-ups individuais que crescem rapidamente, essa visão significa manter-se expandindo até o negócio se transformar em algo tradicional, gerador de empregos, dominando um nicho da indústria; para outros, é construir a melhor boutique, mas que não possui colaboradores; para outros, ainda, há muitas versões híbridas desses dois modelos.

A beleza de ter um micronegócio é que você é livre para escolher a melhor rota. Quando toma decisões sobre seu caminho, você não deve nada a ninguém, além da sua família, se você tiver uma, ou, em alguns casos, a seus investidores.

Ainda assim, pode ser duro exercer essa liberdade. Como seres humanos, mesmo muito independentes, nós nos importamos com o que os outros pensam. Se você está andando em círculos, como aqueles que acreditam que criar a próxima empresa bilionária é o único caminho para um empreendedor, sendo que seu sonho é manter o negócio enxuto e seu padrão de vida bem flexível, você pode não receber muito incentivo ou respeito por fazer as coisas do seu modo.

Isso pode ser bem desestimulante, mas não significa que você deva se moldar, como Mark Zuckerberg ou Elon Musk, e tentar gostar disso se você quer algo diferente da vida. Pensar conscientemente no que você realmente quer e seguir sua própria visão pessoal será sempre mais recompensador.

Os empreendedores milionários mais felizes tendem a fazer três coisas para realizar suas visões: primeiramente, medem suas temperaturas com frequência, perguntando a si mesmos o que querem conquistar no negócio e se seus esforços os estão levando nessa direção – e frequentemente revisam suas respostas para se adequar às circunstâncias; em segundo lugar, eles estabelecem objetivos claros e permanecem fiéis a eles, até fazer sentido revê-los; e, finalmente, eles estão preparados para reinvestir no negócio, ou em outras buscas, quando chega o tempo certo. Foi dessa forma que eles fizeram.

MEÇA NOVAMENTE SUA TEMPERATURA DE EMPREENDEDOR

A maioria dos empreendedores milionários tira um tempo para pensar nas suas visões e no negócio, verificar se elas estão se realizando e corrigir o curso, em caso negativo. Isso não é fácil de se fazer num micronegócio, onde é difícil acompanhar as tarefas que você precisa completar todos os dias. Mesmo assim, tomar distância para pensar estrategicamente vai separá-lo das pessoas que ficam numa esteira e nunca aumentam muito sua renda.

Katherine – que fala no ritmo rápido de alguém que não pode esperar para pegar firme no trabalho – não tem muito tempo no dia a dia para pensar em sua visão. Então, para ficar no que ela chama de "modo expansão/contração" (o que significa que ela expande seu negócio, enquanto também recua do caos para observar o que está rolando), separa alguns minutos todas as manhãs para refletir. Quando acorda, ela e seu marido, Jonathan Swanson, também empreendedor e um dos fundadores da plataforma *on demand* Thumbtack, fazem um exercício de meditação chamado Grow. No exercício, cada um dá o nome de uma coisa pelo qual são gratos, compartilham algo de que se arrependem e gostariam de fazer melhor, mencionam uma oportunidade que querem aproveitar e expressam admiração se perguntando: Qual é a coisa que me impressiona e me intimida? Fazer esse exercício simples a ajudou a trazer à tona o que realmente importa para ela e continuar focada em sua visão, dia após dia.

Com esse tipo de pensamento, Katherine percebeu que queria continuar aumentando seu negócio em um ritmo rápido, mas procurando manter a liberdade de viver como deseja. Isso significa não comandar um escritório convencional onde ela teria de supervisionar funcionários. Apesar de Katherine frequentemente trabalhar sem parar, gosta de ter um estilo de vida mais flexível, em que a qualquer tempo ela possa estar trabalhando em Tóquio, em Sundance ou numa piscina em Miami.

Levou um tempo para Katherine entender o que queria. Quando suas vendas decolaram, ela se perguntou se era hora de colocar alguns funcionários de base em sua folha de pagamento, como muitas empresas fazem. Ela sabia, pelos seus dias de funcionária, que trabalhar sob o mesmo teto trazia uma "cola social" que era difícil de criar de outras formas. No entanto, quando Katherine tentou contratar uma funcionária para ajudá-la por um período de teste de noventa dias, se decepcionou. "Ela começou a empacar em cada projetinho, e nada terminava", diz Katherine, com um suspiro. "Quando finalmente terminava, era feito de uma forma nada criativa."

Katherine poderia ter treinado sua funcionária ou procurado outra pessoa, mas a relação tradicional "patrão-empregado" não pareceu certa para ela. Além do mais, Katherine se irrita com os aspectos administrativos de um escritório. "Há tantos gastos e tantas reuniões", acrescenta ela.

Finalmente, Katherine optou por continuar a apostar em terceiros para ajudá-la a crescer, como havia feito com sucesso no início da carreira. Ela descobriu que tinha energia para trabalhar com fornecedores e consultores, como os especialistas em design que a ajudaram a criar seu produto. Eles eram leais e tinham motivação por causa do próprio desejo de construir um negócio de sucesso.

Quando Katherine contratou fornecedores, notou: "É questão de realizar o trabalho. Nós nos divertimos juntos. Se alguém deixa de fazer um trabalho incrível, a gente se separa de forma amigável".

Mesmo com seu negócio crescendo rapidamente, Katherine não teve de mudar o estilo de vida que ama por causa de sua decisão consciente de cuidar da empresa da forma que melhor se adequa a ela. "Eu tentei estruturar o negócio de um modo que se encaixasse em minha vida e em meus objetivos, o que é ter o maior impacto possível", diz Katherine. "Quanto ao impacto, me refiro a ajudar, de fato, os clientes, com o mínimo de pessoas na equipe, o que garante flexibilidade à minha vida." Para evitar trabalhar demais, ela planeja crescer expandindo o grupo de fornecedores com que já trabalha.

Jason Weisenthal, que já passou dos 40 anos, seguiu uma rota bem diferente quando decidiu aumentar seu negócio de e-commerce, o WallMonkeys. Seu negócio, localizado em Gaithersburg, no estado de Maryland, imprime fotos adesivadas gigantes para paredes, usadas por famílias para decorar quartos infantis. Outrora proprietário de uma loja de sapatos, Jason abriu o negócio em seu porão, depois de fechar a loja durante a recessão. Quando a WallMonkeys decolou e chegou à receita de sete dígitos, Jason abriu uma estação de impressão por demanda e um depósito. Para formar sua equipe, ele chegou a ter cinco empregados na folha de pagamento. Para projetos técnicos, ele ainda contrata fornecedores. "Você precisa fazer isso de forma mundial", diz Jason Weisenthal. "Se você se limita a uma região, olha só para uma gama restrita de talentos."

Para Jason, participar de eventos com outros empreendedores e fazer parte do The Brotherhood, um grupo de colegas do Facebook, o ajudou a tomar as decisões certas sobre como aumentar seu negócio. "Ser capaz de fazer perguntas uns aos outros e compartilhar informações com gente inteligente, de mentalidade próxima à sua, é muito importante", diz ele.

Weisenthal também recorreu à visão de muitos amigos empreendedores participando de um evento anual, sob inscrição, chamado MastermindTalks. O evento reúne um grupo cuidadosamente selecionado de empreendedores em localidades como Napa Valley, na Califórnia. "Não há ninguém na minha cidade com quem eu me sinta tão conectado", diz Weisenthal. "Quando você vai a esses eventos, é como um alimento para a alma."

Katherine e Jason tomaram decisões bem diferentes em relação a como seguir em frente com suas empresas, mas chegaram à mesma conclusão: comandar um negócio como uma operação individual não é um fim em si; não é uma religião a que você precisa dedicar eterna devoção. É uma forma de sustentar sua visão sobre o que é uma vida de qualidade e sobre a forma como você deseja viver. O que os dois tinham em comum era terem permanecido abertos para alterar o curso das coisas até encontrar um arranjo melhor.

Para muitos empreendedores individuais, pode chegar um ponto em que, se a demanda cresce o suficiente, eles precisam se comprometer com uma forma diferente de crescimento. Isso pode se dar por meio da automação, do contrato com fornecedores, da terceirização ou da inclusão de gente na folha de pagamento. O que importa no final é encontrar uma forma de comandar um trabalho que o deixe feliz, sem sobrecarregar ninguém.

PERMANEÇA FIEL A SEUS OBJETIVOS DE CRESCIMENTO

Quanto mais bem-sucedido se tornar seu negócio, mais gente estará inclinada a lhe dar conselhos sobre o que deve ser feito em seguida. Todos nós podemos aprender com a sabedoria dos outros, mas se você criou uma visão e objetivos que funcionam para você, é importante ser seletivo no conselho que escuta.

Jayson Gaignard, 32, fundou e comanda a MastermindTalks, empresa com sede em Toronto que produz os eventos que foram tão úteis a Jason Weisenthal. A MastermindTalks – que Jayson administra com a ajuda de sua esposa e um assistente terceirizado – podia facilmente expandir. Cerca de cinco mil pessoas se inscrevem anualmente para participar do evento, reservado a 150 empreendedores, e que custa 10 mil dólares, trazendo palestras de gente bem conhecida do ramo, como Tim Ferriss. Jayson Gaignard é um desses conectores naturais e um dos pioneiros em atividades como enviar vídeos exclusivos por e-mail.

Dado o sucesso da MastermindTalks, há muitas formas de aumentá-lo ainda mais, por exemplo, acrescentando mais participantes, fazendo o evento com mais frequência ou cobrando mais pela inscrição – e muitas pessoas sugeriram isso. Jayson Gaignard não está completamente fechado a essas ideias, mas decidiu não adotá-las por enquanto. Ele aumentou o custo da participação logo no começo. Certa vez tentou expandir o evento para 160 pessoas, mas sentiu que a reunião ficou grande demais e a diminuiu novamente. O empresário acabou decidindo que quer entregar uma experiência inesquecível, na qual ele possa controlar os detalhes, como as frequentes rotações de assentos. "Se o evento for uma experiência inesquecível, não vou precisar fazer marketing nenhum", diz Gaignard. Isso significa continuar fazendo o que dá certo.

A decisão de Jayson, de manter o negócio como está, vai além do controle de qualidade. Isso também faz mais sentido financeiramente para ele do que criar um megaevento. Em um antigo negócio que ele administrou, a empresa de ingressos TicketsCanada, Jayson supôs que, ao chegar ao 1,5 milhão de dólares de renda, ele dobraria os 350 mil dólares em lucros se pudesse chegar aos 3 milhões. O que ele não esperava era que os gastos maiores iriam impedir que alcançasse o esperado ganho no lucro. "Eu tive de quase dobrar a equipe e arrumar um escritório maior", diz ele. Na verdade, enquanto sua receita chegava aos 3 milhões de dólares, seus lucros chegaram a apenas 400 mil. Apesar de a receita acabar crescendo até atingir 7 milhões de dólares, ele teve de trazer quase vinte pessoas à equipe e acompanhou um aumento similar no lucro.

Depois dessa experiência, Jayson decidiu fazer as coisas de outro jeito com a MastermindTalks. O negócio atualmente traz 1,7 milhão de dólares de receita através da conferência e algumas imersões menores, que Jayson planeja cancelar. "Decidimos voltar ao negócio e focar naquilo em que somos realmente bons", diz. Ele conquista perto de 40% de lucro da receita e está muito feliz com isso.

E conclui: "Agora, estamos num ponto em que somos bem-sucedidos. Todos dizem que precisamos aumentar. Eu digo: para quê? Eu pago a mim mesmo cerca de 250 mil por ano e muito do dinheiro fica no negócio para reinvestimento. Quanto mais de dinheiro eu preciso?".

AFASTE DISTRAÇÕES As distrações serão um dos maiores inimigos para conquistar uma visão autônoma de seu negócio. Buscar constantemente novas oportunidades, uma preocupação ocupacional para empreendedores, pode impedir que você conquiste qualquer coisa substancial, observa Katherine Krug, fundadora da BetterBack.

Ela percebeu que "as pessoas passam tempo demais tentando buscar oportunidades aparentemente empolgantes, em vez de alavancar ao máximo seus negócios. Fazendo apenas algumas coisas muito bem, nós também ficamos muito bem".

Quando Katherine tem dificuldade em resistir a novas oportunidades, ela se faz essas perguntas para esclarecer se deve seguir em frente:

- Essa é uma das coisas mais impactantes que eu posso fazer pelo meu negócio?
- Esperar seis meses para fazer isso iria impactar negativamente meu negócio?
- Eu perderia de vez essa oportunidade se esperasse seis meses para fazer isso?

"Se a resposta para essas perguntas é 'não', eu me seguro por seis meses", diz ela.

SAIBA DIZER NÃO

Aprender a abrir mão de oportunidades interessantes que podem distraí-lo de sua visão e de seus objetivos é o talento mais crítico que você pode desenvolver se deseja aumentar exponencialmente sua receita administrando uma empresa enxuta. Adam Bornstein, 34, e seu irmão, Jordan, 26, sabem bem disso.

Instalados em Denver, no Colorado, os irmãos criaram dois negócios de sete dígitos com base em suas paixões. Um é o Born Fitness, que oferece coaching de nutrição; o outro é a Pen Name

Consulting, que fornece conselhos estratégicos e de *branding* sobre crescimento, envolvendo produção editorial, mídias sociais e podcast, voltados para clientes de primeira, como Tim Ferriss, Arnold Schwarzenegger, Equinox Fitness, entre outros. Ambos os negócios dos irmãos Bornstein têm equipes enxutas. A Born Fitness tem cinco funcionários. Já na Pen Name Consulting os irmãos são os únicos funcionários permanentes; eles chamam terceirizados quando precisam.

Adam e Jordan Bornstein tiveram muitas oportunidades de aumentar a Pen Name Consulting, onde eles trabalhavam apenas com dois ou três clientes "executivos" por vez. Mas, para permanecerem fiéis à sua visão, aprenderam a dizer não para qualquer um que não seja o cliente ideal.

"O crescimento é frequentemente confundido com o número de clientes que você pode atender", diz Adam. "Para nós, o crescimento é medido pela forma como podemos ajudar nossos clientes. Quero ser julgado pelo sucesso. Não quero que nenhum de nossos clientes fracasse. O melhor marketing é apenas fazer um trabalho incrível em tudo o que fizermos."

Isso não significa que eles querem manter o negócio como está. Para aumentar a receita, fazem imersões de negócios de luxo, chamados two12, uma ou duas vezes por ano. Como os eventos requerem mais planejamento, os irmãos os mantêm pequenos e intimistas, limitando as inscrições a apenas 65 pessoas, o que impede que a organização do evento se apodere de suas vidas.

O QUE FAZER QUANDO O CRESCIMENTO EMPACA

Se seu objetivo é criar um negócio milionário e sua receita está empacada, considere trazer um mentor ou um coach para ajudá-lo a pensar no que o está bloqueando. Adam Bornstein contratou um coach, Noah Kagan, depois de levar a Born Fitness à marca dos 500 mil dólares e começar a ter problemas para alcançar 1 milhão. Noah, que antes trabalhava no Facebook, é hoje empreendedor e fundou uma newsletter especial para start-ups conhecida como Sumo.

"Noah chegou com uma pergunta muito simples: o que eu faço de melhor no meu negócio e como posso fazer isso ainda melhor?", Adam se lembra.

Adam a princípio achou que fornecer uma consultoria alimentar única, altamente personalizada, era o que ele fazia de melhor, mas não conseguia pensar em como fazer mais do que já fazia. Então, através de sua discussão com Noah Kagan, ele percebeu que era o seu ego que atrapalhava o crescimento da empresa. O que mantinha os clientes vindo ao negócio era que eles procuravam um coaching altamente personalizável, mas não precisavam necessariamente de que Adam em pessoa fosse esse coach.

Determinado a conquistar o milhão anualmente, Adam Bornstein começou a treinar outros coaches a usar seus métodos e expandiu o negócio para cinco funcionários tradicionais. "Eu tive de tomar a decisão de contratar gente, ensiná-los a fazer o que eu faço e me desdobrar para garantir que eles davam o mesmo nível de atenção que eu dava às pessoas", diz Bornstein.

Isso exigiu paciência, mas ele acabou criando um sistema no qual cada cliente recebe coaches especializados em três áreas: fitness, nutrição e estilo de vida. Isso levou a uma satisfação maior dos clientes, uma taxa de crescimento maior e frequentes renovações. "Conseguir o dinheiro de alguém não é o objetivo final; é manter o cliente bem satisfeito, para que continue investindo em mim", diz Adam. Isso, por sua vez, o ajudou a gerar uma receita anual milionária, além de uma empresa lucrativa.

Adam não é o único empreendedor com quem falei que investiu dinheiro para contratar um coach para ajudá-lo a evitar distrações. Quando Jason Weisenthal se viu diante de muita procrastinação na hora de tomar novas iniciativas e gastando tempo demais em detalhes, como responder mensagens de texto, pediu a indicação de um coach aos contatos que fez em eventos que frequentava. O mesmo nome sempre surgia, e era alguém que ele conhecia. "É uma pessoa do e-commerce que aumentou seu negócio mais do que o meu", diz Jason. "Eu engoli o orgulho e o contratei."

Jason está mais focado desde que começou a trabalhar com seu coach. "Eu fazia muitas coisas diferentes e não entregava o suficiente", comenta. "Eu precisava de ajuda para entrar em uma coisa de cada vez. Ele me ajudou muito."

ADMINISTRE SUAS FINANÇAS COM SABEDORIA: ENTREVISTA COM RIC EDELMAN Quando seu negócio atingir um alto rendimento, isso o ajudará a pagar pelo padrão de vida que você deseja, mas você precisa administrar com inteligência as realidades financeiras de ser autônomo. Isso requer um esforço consciente e, com frequência, conselhos profissionais.

O conhecido conselheiro financeiro Ric Edelman, autor de *The Truth About Your Future* [A verdade sobre o seu futuro], que discute como tanto as pessoas em empregos tradicionais quanto as autônomas podem superar os mesmos desafios, tem algumas sugestões valiosas. Seu método é investir em várias frentes e é construído sobre a diversificação de investimentos, mantendo-se focado no longo prazo, fazendo um reequilíbrio estratégico e apostando em tecnologias exponenciais. Sendo ele mesmo autônomo, compreende a realidade com que muitos empreendedores se deparam.

Muitas pessoas participam da economia freelancer, seja voluntariamente ou não. Qual é o conselho financeiro número um que você daria a essas pessoas? EDELMAN: A principal diferença é que sua segurança financeira depende de você. A maioria das pessoas não têm consciência de que, quando você trabalha para uma empresa grande, apenas 60% da compensação é o salário. Os outros 40% são numa forma de compensação não monetária: benefícios, férias, aposentadoria, e coisas assim. Como autônomo, você não tem nenhum desses benefícios. Se você corta grama, o dono da casa vai pagá-lo para cortar a grama, mas não vai colocar dinheiro no seu fundo de garantia. Como resultado, você precisa garantir que sua compensação, que é toda monetária, seja o suficiente para compensar a ausência de benefícios trazidos pelo empregador.

Os autônomos e pequenos empresários deveriam investir de forma diferente da de funcionários tradicionais? Como? EDELMAN: Eles devem investir da forma como descrevo no meu livro *The Truth About Your Future*. O conselho que eu dou sobre como todos deveriam estar economizando para o futuro se aplica independentemente da natureza do emprego ou de sua renda. Se quer ter sucesso em seu negócio, você precisa de certos traços. Número um: você precisa ser ágil. As oportunidades aparecem de repente. Mudanças no mercado podem ocorrer sem aviso – mudanças na concorrência, na tecnologia, na regulamentação, nos preços. Você precisa ser capaz de se adaptar rapidamente para manter sua competitividade.

Porém, para ser ágil no investimento, você precisa conseguir prever o mercado. Você vai ficar pulando pra lá e pra cá junto com as ações. Esse tipo de manobra financeira raramente dá certo. O empreendedor que quer seguir constantemente o fluxo se prejudica na sua estratégia de investimento.

O segundo traço do empreendedor é a concentração. Empreendedores sabem que precisam concentrar todos os seus recursos – tempo e dinheiro – no negócio. Mas se você aplicar esse mesmo enfoque nos seus investimentos e concentrar seus fundos num único título de ação, o risco concentrado vai destruí-lo. Você deveria ter centenas de títulos.

Os empreendedores frequentemente precisam se proteger contra a natureza do próprio portfólio de investimentos. Não mude com muita frequência.

Para muitos autônomos, impostos elevados são um grande obstáculo na hora de poupar. Encontrar um bom contador pode ajudar, mas quais outros passos eles podem dar para reduzir o peso dos impostos? EDELMAN: Uma das melhores coisas sobre a América é que foi fundada por capitalistas. Nosso sistema de impostos sempre foi inclinado em favor dos empreendedores. O sistema de tributação oferece uma grande gama de deduções e créditos para pessoas que constroem negócios. Eu descobri que muitos pequenos empresários não tiram vantagem das deduções disponíveis a eles, deduções para despesas em negócios e programação das depreciações de equipamentos que compram. Há uma enorme variedade de deduções. É importante estar familiarizado com o sistema de impostos ou contratar um profissional que pode lhe dar as indicações corretas.

Planos de saúde podem ser muito caros para se adquirir de forma independente e, no atual clima dos EUA, é um custo imprevisível. Para gente que não tem acesso a subsídios ou a um plano de saúde familiar, você tem alguma recomendação para manter os custos sob controle? EDELMAN: Infelizmente não. Esse é o motivo pelo qual o sistema de saúde é um assunto dominante na nossa nação.

Não há resposta eficaz para empresários, além de reconhecer que eles precisam entender a importância disso e colocar no orçamento. Um erro que jovens empreendedores cometem é oferecer seus serviços a taxas menores do que seus concorrentes. Eles sentem que as despesas são menores, então podem se dar o luxo de cobrar menos. Com frequência deixam de considerar os impostos devidos e as necessidades de seguros e aposentadoria. É muito raro um empresário que se dá bem por muito tempo usando preço para agregar valor.

SAIBA QUANDO REINVESTIR – E QUANDO NÃO

Uma das partes mais empolgantes de construir um negócio bem-sucedido é ter a oportunidade de levá-lo até onde você quiser. Em alguns casos, pode fazer sentido colocar mais dinheiro a fim de conquistar mais clientes. É o que Katherine Krug está fazendo depois de escutar o feedback de seus clientes na BetterBack, sobre como tornar sua invenção ainda melhor e acrescentar novas funções, como permitir que as pessoas usem calor ou gelo para relaxar as costas enquanto estão no trânsito. "É uma questão de como fazer coisas diferente dos outros", diz ela. "Como você pode encontrar uma forma de atingir crescimento, distribuição e alavancar seu negócio como ninguém mais ou poucos conheçam?"

Hal Elrod, 38, teve um enfoque similar em seu negócio de escrita. Quando o ex-vendedor escreveu e publicou um livro de autoajuda chamado *O milagre da manhã*, sobre técnicas que o ajudaram a mudar sua vida depois que sofreu um acidente de carro, o livro tornou-se um sucesso graças aos esforços de podcast que ele fez para divulgá-lo e aos eventos presenciais que ele faz para aproximar os leitores uns dos outros. A obra foi traduzida para 24 línguas e tornou-se um best-seller mundial. "A escrita não vem naturalmente para mim", Elrod admite. "Levou 3 anos." No segundo ano de vendas, sua receita anual atingiu mais de 500 mil dólares. Quando começou a se aproximar do milhão, ele contratou uma assistente para ajudá-lo a cuidar do negócio. No terceiro ano de venda do livro, a renda havia atingido 1,5 milhão de dólares por ano, e seus lucros estavam cada vez mais altos. No quarto ano, a receita chegou a 2,4 milhões de dólares.

Empolgado com o livro, Elrod reinvestiu em sua marca e lançou uma série de dez livros, incluindo guias. Ele agora tem sete fontes de renda, indo de seus livros e palestras a coaching particular e consultoria, e está aproveitando para comandar um empreendimento ainda maior.

"Estou passando do empreendedor autônomo que fui por toda a minha carreira para alguém que precisa de uma equipe", diz ele. "Estou fazendo parceria com gente que tem programas ou produtos em que eu realmente acredito e que beneficiam minha comunidade."

Numa parceria dessas, ele se juntou, há 3 anos, com John Berghoff, cofundador e sócio administrativo do Flourishing Leadership Institute, para fazer um evento ao vivo chamado de Best Year Ever Blueprint. "Eu não tinha experiência comandando eventos interativos", diz Hal. Berghoff, por outro lado, havia realizado muitos encontros daquele tipo pelo mundo.

"Fizemos o primeiro evento juntos e foi ótimo, combinando o forte dele com o meu", diz Hal Elrod. "É uma das chaves para uma parceria de sucesso: certificar-se de que seus valores estão alinhados e, quando estão, buscar como suas forças complementam uns aos outros."

Porém, se você decidir comandar um negócio pequeno, de boutique, pode não fazer sentido colocar mais dinheiro nele do que você já tem e investir em capital de risco, como Hal Elrod. Como Jayson Gaignard quer manter seu negócio MastermindTalks do tamanho que está, decidiu reinvestir seus lucros em um novo projeto que ajuda outros empreendedores a aumentar o negócio deles como consultores. Ele vê esse novo empreendimento como algo que fluirá naturalmente. "Conheço meu conjunto de habilidades e os contatos que tenho", diz. "Sou muito bom em começar negócios. Minha expertise é levá-los de zero a sete dígitos rapidamente."

Sem dúvida, nem todos os empreendimentos sobre os quais você leu neste livro vão se revelar da forma que os fundadores pretendiam ou esperavam. Alguns podem fechar ou falir. Alguns empresários vão vender suas empresas. Mas muitos vão continuar a ter sucesso, seja como empreendedores solo ou em negócios que crescem para incluir uma equipe de funcionários. E abraçar esse estilo de vida só vai tornar a tarefa mais fácil, dada a comunidade crescente de pessoas que estão dominando as nuances de construir negócios enxutos e de alto rendimento, o que permite que vivam da forma como desejam. Os empreendedores que compartilharam suas histórias neste livro foram generosos ao explicar exatamente o que os ajudou a chegar até aqui. Você está pronto para se juntar a eles? Então, hoje é o dia de sair do sofá e dar os primeiros passos.

APÊNDICES

Parabéns por completar este curso intensivo sobre como abrir e gerenciar um negócio milionário individualmente. Espero que você se sinta mais preparado para criar uma empresa enxuta de alto rendimento. Este pode ser um caminho profissional novíssimo, não importando se as mudanças transformem a economia no futuro.

Comandar um negócio milionário individualmente não é só uma questão de atingir uma marca na receita. Afinal, para uma pessoa, na prática, atingir a marca de um milhão de dólares pode ser o equivalente de outra pessoa atingir 250 mil. Isso depende das suas responsabilidades financeiras e objetivos de vida. Este livro é sobre a construção de uma nova visão para comandar um negócio, uma visão realista sobre viver. Ele oferece uma maneira de ir além do constante estresse econômico, que aprisiona tantos autônomos, sem desistir do controle sobre seu tempo. É uma nova maneira de olhar o trabalho que determina suas prioridades pessoais e cria um negócio que lhe sustenta de forma saudável. Tais prioridades sem dúvida vão evoluir conforme a sua vida mudar. Pode haver momentos em que você escolha colocar mais energia no crescimento de receita e de lucro do que em outros.

Se realmente adotar o que aprendeu aqui e aplicar as lições dos empreendedores que compartilharam suas ideias, você criará novas opções empolgantes em sua vida, que podem nunca ter sido vistas antes. Você não terá de se preocupar quando os robôs substituírem seu trabalho e sua única alternativa será viver com um salário mínimo. Você sempre terá as melhores alternativas, decidindo, por si só, qual decisão tomar. Você não terá de esperar por alguém superior que lhe dê permissão para seguir as melhores opções.

Como tudo o que vale a pena, começar um negócio individual milionário requer um pensamento cuidadoso e muita reflexão. Não é fácil vir com uma grande ideia para um novo produto ou serviço, e é mais desafiador ainda transformá-lo num negócio enxuto que possa ser alavancado até chegar a sete dígitos de receita. Ler sobre empreendedores de sucesso pode ajudar, mas, no final, você precisa agir no que *você* sabe e aprendeu, ou nada vai mudar.

Felizmente, se você separar um tempo para completar as atividades a seguir, pode dar um salto no seu progresso. Elas vão lhe ajudar a esclarecer o que você realmente quer do seu trabalho, e dar o impulso de que precisa para atingir seus objetivos.

O QUE REALMENTE IMPORTA?

O negócio individual milionário ideal vai permitir que você conquiste o que deseja, sejam seus objetivos de ganhos financeiros, seja um novo patamar de padrão de vida. Aqui estão algumas questões para você ponderar. Conforme escreve suas respostas, você terá mais clareza sobre o que é mais importante quando começar um negócio.

- De que eu gosto mais em minha atual forma de ganhar a vida ou em minha situação financeira?
- Estou disposto a deixar para trás o que mais gosto na minha atual forma de ganhar a vida e situação econômica para começar um negócio?
- É provável que aquilo de que eu gosto na minha atual forma de ganhar a vida ou situação econômica esteja disponível para mim nos próximos 3 ou 5 anos? E em 10 anos?
- O que eu gostaria de mudar sobre minha renda atual ou situação econômica?

- Serei capaz de mudar as coisas de que não gosto sobre minha renda atual ou situação econômica cuidando do meu próprio negócio?
- O negócio de que gosto me permitiria ter mais tempo fazendo as coisas que eu aprecio?
- O negócio que quero começar me obrigaria a passar muito tempo em coisas de que não gosto?
- O negócio que quero começar exigiria que eu fizesse coisas que geralmente não estou disposto a fazer, coisas em que não sou bom e que acredito que não consigo aprender? Se sim, existe alguma forma de contornar isso?
- Estou recebendo as recompensas profissionais de que preciso do meu trabalho atual?
- Comandar um negócio me ajudaria a conquistar meus objetivos profissionais de forma que minhas buscas pessoais não permitem?
- Estou recebendo as recompensas pessoais que desejo (como amizade com pessoas interessantes) pelo trabalho que faço agora?
- Eu seria capaz de melhorar minha vida pessoal ao comandar um negócio?
- Estou feliz com a forma como gasto meu tempo na maior parte dos dias?
- As horas que estou gastando nas minhas atividades principais são proporcionais a quanto elas importam para mim? Se há um desequilíbrio em como eu gasto meu tempo, fico frustrado com isso?
- Os negócios que mais me interessam de forma realista me permitiriam corrigir os desequilíbrios que me incomodam?
- O negócio que eu quero começar iria interferir nas coisas boas que tenho em minha vida agora, como o

tempo que aproveito com meus amigos ou na companhia de meus filhos?
- → Se sim, como eu lidaria com isso? Há adaptações que poderia fazer ao negócio para evitar perder coisas importantes para mim?
- → Se pudesse escolher, quais seriam as duas coisas que eu realmente gostaria de conquistar ao começar um negócio?
- → O negócio que estou pensando em começar me permitirá conquistar essas coisas depois de um tempo que eu acredito ser razoável?
- → Se levar muito tempo para conquistar essas duas coisas que realmente quero, eu terei a paciência e os recursos para permanecer firme?

DEFININDO SUA ESPECIALIDADE

Muitos empreendedores iniciantes acreditam que podem ter sucesso na especialidade relacionada ao que aprenderam na faculdade ou no que fazem para viver. Tais vias podem oferecer possibilidades empolgantes, mas saiba que há muitas outras opções disponíveis.

Quando se deparar com uma ideia, seja honesto sobre sua possibilidade de executá-la. "Você pode dizer: 'Adoro comida sem glúten', mas se não for determinado e não souber cozinhar, não é o negócio certo pra você", diz Debra Cohen, uma empreendedora milionária de aperfeiçoamento doméstico. "As pessoas me procuram o tempo todo e dizem: 'Eu adoro sua ideia de negócio. Você trabalha de casa. Quero fazer isso também', mas se não gosto de pessoas nem sou criativo, meu negócio não vai funcionar. Deve ser algo que o motive e que tenha a ver com suas habilidades. É necessário ter consciência do que está disposto a investir, pessoal e profissionalmente. É de fato muito trabalhoso. Você precisa estar disposto a se comprometer e a fazer os sacrifícios que são necessários."

Estas perguntas vão lhe ajudar a estimular sua criatividade e transformar sua especialidade em algo vendável:

- Por quais áreas do seu trabalho você nutre uma paixão especial e um conhecimento profundo?
- Sobre quais hobbies e interesses pessoais você lê e aprende constantemente, de que você gosta com sinceridade?
- Quais das suas atividades geram mais curiosidade entre as pessoas que você conhece? Podem ser atividades como dar aulas particulares, cuidar da horta, ensino em geral ou outras atividades que as pessoas podem não fazer.
- Quais desafios e problemas você superou de forma única após fazer uma boa pesquisa? Podem ser problemas "bacanas", como decorar uma casa com orçamento limitado ou problemas sérios, como tratar a doença de uma criança através de técnicas alternativas.
- Que papéis você desempenha em sua vida – pai, mãe, cuidador(a), técnico(a), vizinho(a), mentor(a), voluntário(a) – que lhe deram um conhecimento único que pode beneficiar os outros?
- Em que situações você foi colocado sem querer que trouxeram uma perspectiva inédita a um assunto com que as pessoas se importam?
- Quais tendências você conhece que outras pessoas ainda precisam descobrir?

BRAINSTORM PARA NEGÓCIOS

Algumas pessoas têm dúzias de ideias para negócios. Outras acham que não têm nenhuma. O truque para começar um negócio milionário individual é identificar uma ideia que você ama e que tenha a capacidade de gerar alta renda e lucros num orçamento inicial apertado. Como explicado neste livro, descobrir o tipo de negócio é diferente de encontrar um negócio que seja substituto de trabalho. Se você criar um negócio no qual possa amplificar seus próprios esforços e gerar uma grande renda, você vai criar também uma ótima alternativa para um trabalho tradicional.

Aqui está um exercício guiado para ajudá-lo a descobrir seu negócio individual milionário. Quando tiver a ideia, você estará pronto para testar numa pequena escala, para ver se é algo pelo qual os clientes pagariam.

- Quais interesses mais me apaixonam? Há assuntos pelos quais sou obsessivo que só outros fanáticos podem entender ou por que desenvolvi uma expertise rara ou incomum?
- Em quais assuntos gosto de pensar todos os dias, mesmo se não forem minhas maiores paixões?
- Que tipos de trabalho eu mais gosto de fazer no dia a dia, seja cuidar de tarefas domésticas, seja trabalhar num emprego, como voluntário ou em recreação?
- Em quais áreas as pessoas objetivas – particularmente aquelas que não são familiares próximos e amigos – me dizem que eu tenho um talento excepcional, experiência ou proficiência?
- Em quais áreas de interesse me faltam talentos vendáveis, experiência ou proficiência que possam ser monetizados, mas que eu tenha um forte comprometimento e os meios de buscar qualquer instrução necessária num curto espaço de tempo?
- Quais desses assuntos eu adoraria ainda mais ao transformar num negócio?

- De quais desses interesses eu gostaria menos se tentasse ganhar dinheiro com eles?
- Em quais das áreas que gosto eu tenho talento, experiência, proficiência ou capacidade para criar produtos ou serviços com os quais poderia potencialmente ganhar dinheiro?
- Depois de responder a essas perguntas, quais dos três melhores tipos de negócios individuais eu ficaria mais empolgado em administrar e, de forma realista, teria mais capacidade de começar?
- Entre esses três, qual tipo de negócio tem mais potencial para me permitir multiplicar meus esforços como indivíduo autônomo sem contratar funcionários no começo? Quais me permitiriam usar fornecedores, terceirizados, automação ou outros recursos de forma mais eficaz, para que produzir mais não dependa simplesmente de eu trabalhar mais horas?

CURSO RÁPIDO DE PESQUISA DE MERCADO

Se você for lançar um negócio na indústria em que atua, já terá uma vantagem na pesquisa de mercado. Saber o que está acontecendo numa indústria e entender onde estão as lacunas do mercado vai lhe dar competitividade.

O mesmo ocorre se você for consumidor do tipo de produto que planeja vender. Se, por exemplo, você é pai e procurou por toda a internet um produto de que precisa, mas ninguém o fabrica, toda essa busca também é uma valiosa pesquisa de mercado.

Mas é importante expandir sua pesquisa para além do seu conhecimento. Sempre há algo a mais. Num mundo cada vez mais conectado, as mudanças acontecem a um continente de distância e podem derrubar seus planos, caso não estiver preparado. Aqui estão algumas ferramentas para se certificar de que você saiba que há um mercado futuro para o que pretende vender, e quão grande e sustentável esse mercado é.

Os gigantes do e-commerce Pesquise produtos de forma a ver os mais vendidos e determine quais são populares. Busque traços comuns entre eles e, mais importante, as lacunas que você pode preencher.

Informes comerciais O foco intenso que as publicações da indústria trazem para um campo específico irá ajudá-lo a adquirir consciência dos desafios atuais que os membros da indústria podem estar passando. Também irá ajudá-lo com os recursos de que precisa para realizar a sua visão, e irá apresentá-lo a serviços e fornecedores importantes para o seu sucesso. Leia várias publicações na sua indústria de forma constante para estar atualizado sobre o que está acontecendo em vez de operar de forma reativa.

Organizações comerciais Juntar-se a um grupo de indústrias e participar das reuniões pode ser uma boa forma de receber informações precisas sobre o que está ocorrendo num campo em que gostaria de entrar. Você ficará surpreso com quantos grupos existem. Pergunte aos outros que administram empresas quais eles acham mais úteis.

Verifique também comunidades particulares para negócios com um interesse específico. Alguns desses são hiperfocados em oferecer conselhos práticos para públicos bem nichados. Por exemplo, o eCommerceFuel, uma comunidade fechada para donos independentes de lojas virtuais, foca naqueles com receitas de seis ou sete dígitos. Fazer parte desses grupos geralmente requer um investimento substancial, mas as melhores irão retornar os investimentos com dicas práticas que você pode usar para aumentar sua renda e lucros.

Relatórios de pesquisa de mercado Tais relatórios, geralmente escritos por estudiosos de uma indústria, podem ser caros. Porém, se você está empenhado em entrar numa área de atuação, elas irão lhe ajudar a adquirir um conhecimento mais profundo das forças do mercado e uma visão no longo prazo, o que é melhor do que ler artigos ocasionalmente. Achei bem produzidos os relatórios da IBISworld e da Euromonitor, que cobrem uma grande gama de indústrias, mas há várias outras consultorias de nicho que oferecem seus relatórios. Busque pelo nome das empresas de análise que são citadas com frequência em informes comerciais para ter pistas de quais são mais confiáveis.

Pesquisa de campo Às vezes pode haver pouca pesquisa de mercado disponível no tipo de produto ou serviço que planeja vender, porque é um ramo novo demais. Nesse caso, talvez você mesmo precise reunir dados. Numa empresa de produção de conteúdo, isso é relativamente fácil. Você pode publicar informações relacionadas ao que pretende vender e juntar as informações sobre como o seu público responde. Num negócio voltado ao produto, talvez você tenha de pesquisar seus consumidores em lugares onde eles estão, seja em mídias sociais ou em lojas físicas. Isso leva certo tempo e esforço, mas a boa notícia é que, se você passar por isso, provavelmente alcançará uma ideia muito original e inexplorada.

Como permanecer motivado com seu negócio Começar um negócio pode ser bem empolgante, mas também requer muita energia. Evitando se exaurir e se abastecendo de inspiração através das ideias lidas neste livro, você pode manter a energia fluindo. Porém, às vezes é necessário dar um passo atrás e pensar numa visão maior e nos objetivos que você realmente quer. Para ajudá-lo a dar uma pausa e refletir, pondere sobre as perguntas a seguir e escreva suas repostas.

- O que eu realmente quero desse negócio?
- O que eu acho da realidade de administrá-lo no dia a dia?
- Eu quero aumentar o negócio ou mantê-lo do mesmo tamanho?
- Estou tranquilo com a quantidade de tempo que o negócio permite que eu gaste com meus relacionamentos e com meus interesses pessoais?
- Posso aumentar o negócio de uma forma que me permita viver no meu padrão de vida ou estou disposto a mudar meu padrão de vida por um tempo para expandi-lo?
- Preciso mudar a forma como estou administrando o negócio, para que continue fluindo enquanto cresce?
- Vou algum dia querer vender esse negócio, ou é algo que posso me ver fazendo indefinidamente?
- Como meu objetivo para o negócio influencia a forma como preciso fazer as coisas?

O objetivo aqui é saber em que pé você está para que possa conscientemente tomar decisões que apoiem sua visão e seus objetivos. Depois de registrar suas respostas, tente escrever um parágrafo curto sobre sua visão e seu objetivo principal para o ano. Você ficará surpreso com o quanto a clareza lhe ajudará a aumentar seu negócio de uma forma que o deixará feliz.

É O MOMENTO DE VENDER?

Mesmo que construa um negócio autônomo de 1 milhão de dólares, você pode não querer administrá-lo para sempre. Então como saber se é hora de deixar de lado e partir para a próxima? Pedi que o agente de negócios da internet David Fairley fornecesse o seu parecer.

Como você sabe quando e se é hora de vender um negócio? FAIRLEY: Há alguns motivos práticos, além de pessoais. De um ponto de vista prático, o negócio deve ter pelo menos alguns anos. Talvez tenha chegado a um limite e esteja começando a envelhecer um pouco.

É hora de saber se o dono ou empresário está começando a perder a empolgação ou paixão e começa a se interessar por outras coisas.

Muita gente começa a perder a paixão e deixa de dedicar tempo e energia. Chegam ao topo da curva do sino e começam a vender quando está descendo. Não é essa a hora de vender, quando seu negócio está mostrando queda na receita ou no lucro. É melhor reconhecer quando você está perdendo interesse no negócio e começar a pensar em vendê-lo.

Algumas pessoas chegam ao ponto em que aumentar um negócio requer mais do que contratar funcionários ou talvez alguém com mais experiência a quem eles precisam delegar liderança. Elas não querem dar o passo de contratar alguém e assumir a responsabilidade. Preferem reconhecer que não têm habilidade ou energia para dar o próximo passo.

Como um empreendedor prepara um negócio para ser vendido? FAIRLEY: É uma questão de manter bons registros que possam ser facilmente verificados. Faça seu contador trabalhar com você. A maioria das pessoas que querem vender tem o QuickBooks instalado. Oferece mais transparência e confiança aos compradores. Além disso, é uma boa ideia reunir seus dados, suas estatísticas de movimentação e dados dos clientes.

Às vezes é como se você fosse colocar uma camada fresca de tinta numa casa. Atualizar o visual e o ambiente do seu site. Hoje em dia é bem fácil contratar alguém para fazer novos gráficos ou criar um novo modelo para seu site.

Administre o negócio como se você não planejasse vendê-lo. Continue pensando: "Como posso conquistar a lealdade de meus clientes e obter retornos? Como posso vender mais?". Isso cria mais valor para o comprador e garante que as vendas fiquem estáveis e cresçam. Isso vai valorizá-lo.

Qual é a melhor forma de fazer uma venda? FAIRLEY: Há algumas pessoas que conseguem vender sozinhas. Mas acho que como tudo o que você valoriza, pode ser uma boa ideia ter um representante. Você vai meio às cegas. E um intermediário oferece dicas e protocolos já testados, e cria uma segurança para o comprador e o vendedor. Para alguém vendendo um negócio de 500 mil ou 5 milhões, vale a pena pagar um profissional para ajudar a preparar os prospectos e os documentos necessários. Outra coisa que um corretor tem a habilidade de fazer é juntar um memorando de oferta de dez ou quinze páginas. Isso é muito trabalho e você precisa saber o que apresentar para ter a melhor oferta.

Quanto um intermediário cobra? FAIRLEY: Depende do tamanho do negócio. Para a maioria na casa dos seis dígitos, vai ser cerca de 10% (do valor bruto da venda). Quando você entra nos sete dígitos, talvez 8%. Eu diria que, na maioria dos casos, vai de 8% a 12%, dependendo de com quem você está trabalhando.

RESUMO DO PROCESSO

Como financiar o negócio
Domine o trabalho paralelo.
Mantenha seu trabalho diário, enxugue e economize.
Consiga investimentos de terceiros.

Experimente e aprimore
Pergunte a seu público-alvo – e escute.
Evolua com a apresentação do produto.
Dê o preço certo para valorizar o negócio.
Saiba quando contratar produção, pedidos e entregas.

Amplie o que funciona
Aproveite os anúncios em mídias sociais.
Use um grande varejista on-line.
Escolha as mídias sociais certas.
Construa relacionamentos com influencers.
Crie conteúdo visual para as mídias sociais.

Construa uma receita constante
Contrate um contador.
Entenda o poder do fluxo de caixa.
Use marketing digital para atrair vendas diárias.
Escolha entre número alto de vendas ou preços altos.

Coloque os sistemas certos no lugar para crescer
Solicite feedbacks da mídia e de consumidores.
Remova barreiras para compras.
Torne as vendas parte do serviço de atendimento ao consumidor.
Invista em relações públicas e marketing digital.

Reveja e refaça!

FONTES ÚTEIS

Mesmo que você seja supereficiente, pode ser difícil fazer tudo num negócio de uma pessoa. Para ajudá-lo a amplificar sua produtividade pessoal, pedi a donos de negócios milionários entrevistados neste livro que compartilhassem algumas das ferramentas e dicas que usam para automatizar seus trabalhos e estender o alcance, e inclui alguns dos meus favoritos:

COMUNICAÇÃO

Globafy (globafy.com): Use para se comunicar de graça com muitos países do mundo, para que todos os participantes possam ligar de onde estiverem.

GoToMeeting (gotomeeting.com): Se você precisar de videoconferência de alta definição e linhas gravadas de conferência de alta qualidade, esse serviço pago pode ser útil.

99designs (99designs.com): Encontre designers para projetar logos, sites, design de embalagem e mais. A 99designs faz concursos nos quais os designers devem competir para criar o melhor design para você.

Skype (skype.com): Aplicativo gratuito que permite fazer ligações ao redor do mundo, sem custos.

WhatsApp (whatsapp.com): Plataforma de mensagens que permite o envio de recados instantâneos numa plataforma móvel, sem pagar por SMS.

COWORKING

WeWork (wework.com): Se você mora numa cidade grande, deve conseguir encontrar muitos fornecedores locais de espaços de *coworking*. Impulsionado por capital de risco, WeWork é um dos maiores do ramo, oferecendo espaços em grandes cidades do mundo. Você pode encontrar os espaços de *coworking* por diretórios como Coworker (coworker.com), Global Workspace Association, e deskmag (deskmag.com).

SOFTWARE DE ADMINISTRAÇÃO DE RELACIONAMENTO COM O CONSUMIDOR

Keap (keap.com): Esse é um dos vários programas que vai ajudá-lo a automatizar suas vendas e processos de marketing. Há muitos competidores nesse espaço, com talentos diversos. A melhor forma de encontrar aquele que é certo para seu tipo de negócio é perguntar a outros com um tipo de negócio similar.

Streak for Gmail (streak.com): Extensão gratuita do Google Chrome que oferece muitas funções que permitirão que você administre suas vendas e o relacionamento com os clientes no Gmail.

PESQUISA DE MERCADO

ClickBank (clickbank.com): Mercado gigante de conteúdo que é uma fonte excelente de ideias baseada em informações sobre tipos de produtos que você pode vender on-line.

Facebook Audience Insights (facebook.com/business/news/audience-insights): Essa ferramenta vai lhe ajudar a gerar uma demografia detalhada dos usos de um produto que você vende, baseado em palavras-chave de interesse no produto. Para usar esse serviço, é preciso ter uma conta gratuita no Facebook.

Google Survey (support.google.com/docs/answer/87809?hl=en): O aplicativo permite que você tenha um valioso retorno do seu público. Você pode usar a ferramenta para pesquisar o que os usuários gostariam que você oferecesse. Outra boa alternativa é o SurveyMonkey (surveymonkey.com).

FINANCIAMENTO

BizPlanCompetitions (bizplancompetitions.com): Busque concursos de empreendedorismo, eventos de pitch de elevador e competições de negócios nesse site mundial.
Indiegogo (indiegogo.com): Um dos maiores sites de financiamento coletivo baseado em doações, Indiegogo é um destino popular para start-ups que buscam levantar financiamentos.
Kickstarter (kickstarter.com): Fundado em 2009, esse site de financiamento coletivo foi uma plataforma de lançamento para muitas start-ups, assim como uma enorme variedade de projetos criativos.
Techstars (techstars.com): Esse acelerador de negócios oferece um programa intensivo feito para ajudar empreendedores aspirantes a lançar seus negócios num final de semana.

PAGAMENTOS

Apple Pay (apple.com/apple-pay): Esse site dá aos clientes a chance de fazer pagamentos em segurança através de dispositivos móveis.
Square (square.com): Você pode processar transações de cartão de crédito de um smartphone ou tablet usando o Square. Diferentemente de fornecedores de serviços comerciais, não tem comprometimentos mensais.
Williams&Harricks (and.co/williams-harricks): Através desse aplicativo, você pode mandar cartas de cobrança a clientes, quando esgotou outras maneiras de cobrá-los.

ECONOMIA DE TEMPO

Dashlane (dashlane.com): Um dos vários sites que podem ajudá-lo a manter um registro de suas senhas digitais. O aplicativo, que pode ser baixado no seu celular ou computador, é uma extensão de browser para Safari, Chrome ou Firefox. Retém o nome de usuário, senhas e outras informações que você precisa manter seguras, como números de cartão de crédito.

Evernote (evernote.com): O site permite que você faça anotações, reúna artigos que encontrar on-line e crie apresentações rapidamente. "Me salva a pele todo dia!", diz Kelly Lester, fundadora da EasyLunchboxes.

Figma (figma.com): Uma plataforma de design que permite que designers autônomos compartilhem seu trabalho com outros em tempo real e tenham retorno e colaboração da comunidade.

Join.me (join.me): O site permite que você compartilhe sua tela com contatos de negócios de forma rápida e fácil, para fazer apresentações sem precisar se deslocar.

ScheduleOnce (scheduleonce.com): Uma das minhas ferramentas favoritas para poupar tempo. ScheduleOnce permite que você compartilhe sua agenda com contatos de negócios para que eles possam marcar hora com você facilmente. Ela me poupa de várias horas mandando e-mails de confirmação para reuniões todas as semanas.

DESENVOLVIMENTO DE SITES

Shopify (shopify.com): Vários dos empreendedores milionários com que falei usaram o site para montar suas lojas de e-commerce. Muitos desenvolvedores estão familiarizados com ele, então, se você precisar de ajuda, deve ser fácil achar.

Squarespace (squarespace.com): Se você está buscando uma plataforma fácil de usar, que ofereça templates de estilo clean para sites, esta pode ajudá-lo rapidamente.

Sumo (sumo.com): Site que oferece uma newsletter popular assim como várias ferramentas gratuitas que você pode usar para aumentar o trânsito no seu site.

Weebly (weebly.com): Amistoso para iniciantes com conhecimento limitado de tecnologia, esse site ajuda a montar um site num dia.

Wordpress (wordpress.com): A plataforma gratuita é uma das favoritas e mais testadas, especialmente entre aqueles que gostam de um método mais ativo em desenvolvimento de web. Pode ser adaptada para fazer o e-commerce de seu site.

LEITURAS ADICIONAIS SUGERIDAS

Para construir um negócio milionário individual, livros que inspiram nunca são demais. Aqui estão alguns que vão lhe dar energia e ferramentas práticas para crescer.

***Trabalhe 4 horas por semana*, de Tim Ferriss** Este é um guia divertido para liberar tempo para aventuras, gerando uma renda passiva, usando plataformas de internet como fonte e cortando obrigações que consomem tempo. Muitos dos empreendedores que entrevistei para o livro sentiram que a leitura mudou suas vidas.

***A start-up de $100*, de Chris Guillebeau** Guillebeau é um nômade digital que viaja ao redor do mundo ganhando dinheiro sem um trabalho tradicional. Nesse livro, ele oferece ideias de como transformar um investimento de 100 dólares num negócio gerando 50 mil dólares ou mais, baseado em 1.500 microempreendedores que ele analisou.

***A terceira onda*, de Alvin Toffler** Para um olhar fascinante sobre como a transformação para a economia digital criou tanto rixas quanto oportunidades na sociedade, dê uma olhada nesse livro estranhamente visionário e muito prazeroso, do escritor e futurista que escreveu *Future Shock*.

***Escolha você*, de James Altucher** James Altucher, um antigo administrador de fundos de cobertura, conquistou seguidores entre os millennials que estão desencantados com uma economia na qual grandes instituições prometem segurança, mas estão desmoronando. Seus livros oferecem ideias de como tomar o controle de sua vida, seja através do empreendedorismo ou de uma carreira, em vez de passar as rédeas para os outros, para que você possa atingir riqueza, felicidade e saúde.

AGRADECIMENTOS

Escrever um livro requer uma grande equipe e sou grata pelos vários indivíduos que contribuíram com *Crie um negócio milionário*.

Este livro nunca teria se consolidado sem meu querido amigo, o ambientalista Byron Kennard, que me encorajou a colocar as palavras no papel, semana após semana.

Sou grata à minha agente, Leila Campoli, por ver o potencial desta ideia, e possibilitar que alcançássemos um público amplo. Obrigada ainda à minha editora, Lorena Jones, por acreditar neste livro e por sua perspicácia ao editá-lo; e à preparadora de texto, Kristi Hein, pelas diversas intervenções inteligentes e melhorias sutis. Também sou grata à designer da Ten Speed, Lizzie Allen, à gerente de produção, Heather Porter, e ao assessor de imprensa e marketing, Daniel Wikey.

Obrigada a todos os empreendedores que compartilharam suas histórias comigo e aos especialistas que contribuíram com seu conhecimento. Obrigada a Sol Orwell pela ajuda em conectar-me a muitos empreendedores individuais milionários, de quem posteriormente concebi os perfis.

Gostaria de agradecer aos editores Xana Antunes, Glenn Coleman, Susan Crandell, Diane Harris, Loren Feldman, Yasmin Ghahremani, Lori Ioannou, Scott Medintz, Peggy Northrop e Tom Post por proporcionarem muitas oportunidades de explorar o potencial de negócios individuais em minha atividade com o jornalismo. Quero ainda expressar meu apreço a Verne Harnish, por me mostrar, de diversos modos, como o empreendimento pode levar à liberdade.

Escrever pode ser uma atividade solitária sem que se tenha uma comunidade. Mais do meu apreço às colegas escritoras de longa data: Elizabeth MacBride, Anne Field e Eilene Zimmerman por suas considerações, conselhos e apoio, e por estarem ao meu lado todos esses anos. Obrigada também a meus amigos June Avignone e Gregory Van Maanen, por me inspirarem com sua paixão por criar. E obrigada ao empreendedor John Khalil pelo retorno tão pertinente.

Minha cunhada, Eileen Sicoli, faleceu antes de este livro tomar forma, mas sua bravura e comprometimento com o que realmente importa deixaram uma marca que tem grande influência nesta obra.

Finalmente, sou muito grata ao apoio, incentivo, ajuda prática e às dicas da minha família durante as várias horas dedicadas a este projeto. Obrigada a meu irmão, Michael, pelas ideias e acréscimos. E, por fim, um grande abraço ao meu marido, Bob, e aos meus filhos Anna, Emily, Sarah e Robert. Este livro não poderia ter sido escrito sem que vocês estivessem aqui para me lembrar, todos os dias, do que é mais importante: minha família.

FONTES More Pro, Solido
PAPEL Alta alvura 90 g/m²
IMPRESSÃO Imprensa da Fé